Stefan Endrös

DAS NEUE CREDO

Raus aus Info-Overload und (Glaubwürdigkeits-)Krise!

Fake oder Fakten?
Manipulation oder Miteinander?
Der neue Glaubens- und Vertrauenspakt:
Kommunikation auf Augenhöhe!

SignsBook by **JI The Home of Content**

Das Kommunikations-manifest der Hoffnung „

Um was es geht

Wir sind am Ende.
Wir vertrauen uns nicht mehr, wir glauben niemandem mehr. Die Welt und die Kommunikation über unsere Welt wird zu einer scheinbar übermächtigen Ansammlung an „Fakes“: Lügen, Betrügen, Scheinwelten! „Fakes“ statt „Fakten“. Nichts scheint mehr real. Nichts mehr glaubwürdig. Unser gemeinsames kommunikatives Verständnis der Dinge ist verloren gegangen: der gemeinsame Nenner. Was klingt wie eine lapidare Nebensächlichkeit, ist letztlich die Implosion unserer Gesellschaft, in Politik, Wirtschaft, Kommunikation wie Kultur: eine Glaubwürdigkeitskatastrophe, gefährlicher als jede Naturgewalt.

Zur Rettung brauchen wir dringlich einen neuen kommunikativen Pakt: Credo – den neuen Konsens über Ziele, Visionen und Werte! Und der kommt nicht „von oben“, sondern von uns selbst. Im Miteinander!

Nicht Opfer sein, sondern Handelnder.
Aktiv mit der Herausforderung, Kommunikation und Kommunikationsmedien umgehen und dabei ein eigenes Profil entwickeln und zeigen. Und sich darüber austauschen. Denn nur mit klaren Zeichen kann man in Zukunft Zeichen setzen. Nur so gelingt es uns, diesen Pakt zu formen, ohne unterzugehen.
Einen Versuch ist es wert!

Stefan Endrös

... weil wir gemeinsam an die Kraft der Kommunikation glauben "

Vorwort

Dr. Wolfram Weimer

Er warnte schon vor Fake News und einer Zersetzung des öffentlichen Diskurses, als andere noch an die heile Welt der Kommunikation glaubten. Stefan Endrös ist nicht nur ein erfolgreicher Superprofi der Medienbranche, er ist auch ein Nach- und Vordenker der Kommunikationsgesellschaft. Er warnt schon seit Jahren vor einer wachsenden Polarisierung und neuen ideologischen Gräben. Doch er tut dies weder mit erhobenem Zeigefinger noch mit apokalyptischem Mahnungsfuror. Endrös ist vielmehr ein Brückenbauer der Kommunikation. Kein Besserwisser, sondern ein Bessermacher.

Seit Jahren – noch lange vor Purpose-Debatten und Authenthizitätsseminaren – setzte er auf etwas wunderbar Altmodisches:

Integrität und Glaubwürdigkeit. Und weil er mit dieser Haltung wie ein Prediger durchs Medienland zieht, ist er vielen zum „good guy“ unserer zynischen Branche geworden.

Stefan Endrös hat vor zehn Jahren den SignsAward erfunden, um seiner Grundhaltung ehrlicher Überzeugungskommunikation ein Forum zu geben. Deutschlands großer Zeichensetzer-Preis würdigt seither Menschen ganz unterschiedlicher Sphären, denen außergewöhnliche Kommunikation in diesem Geiste gelungen ist – Politiker wie Popmusiker, Sportler wie Spaßmacher, Querdenker wie Wirtschaftslenker. Seit einigen Jahren veranstalten wir den SignsAward gemeinsam, weil wir gemeinsam an die Kraft der Kommunikation glauben, weil wir gerade in grimmigen Zeiten offene Diskurse, mutige Taten, souveräne Haltung und authentische Glaubwürdigkeit gewürdigt sehen wollen.

Stefan Endrös ist darum nicht nur ein erfolgreicher Dienstleister für Kunden. Er ist auch ein Dienstleister an der politischen Kultur. Wenn nämlich Fake News und Lügenpresse-Vorwürfe unsere Kultur zersetzen, hilft nur die Wahrheit. Wenn neuer Nationalismus Europa vergiftet, hilft uns Offenheit. Wenn politische Korrektheit und Ideologie das Denken und Sprechen bevormunden wollen, dann hilft uns Freiheit. Wenn Despoten wie Erdogan und Putin oder Narzissten wie Trump die Weltpolitik zu einem Gehege der Intoleranz machen, dann gilt es Europas, Toleranz hochzuhalten. Diese unsere großartige Heimat von Dialog, Vielfältigkeit und Sprachen. Es sind die fundamentalen Dinge der Kommunikation, die europäischen Dinge, die derzeit mehr gebraucht werden denn je: die Wahrheit, die Offenheit, die Freiheit, das Menschenrecht, die Toleranz und die Kommunikation. Genau dafür steht Stefan Endrös.

Dr. Wolfram Weimer
Vordenker und Publizist, Autor und Chefredakteur – und mit der Weimer Media Group und deren Publikationen wie Wirtschaftskurier, Börse am Sonntag und The European zusammen mit seiner Frau Christiane Götz-Weimer einer der führenden Wirtschafts- und Politikmeinungsbildner Deutschlands.

Warum ich das schreibe

Warum mich Sprache so fasziniert?
Warum die Kraft der Worte? Warum die Kunst des Erzählens, des Vermittelns, des Austauschs?

Warum also nun? Es hat alles seine Historie, seinen Grund, auch wenn man die Ursachen dazu nicht wirklich kennt. Ich kenne sie jedenfalls nicht genau: aus meiner Jugend, aus innerer Berufung? Ich wuchs in einem schönen bürgerlichen Umfeld in einem Vorort Münchens auf, das klingt lapidar, aber von Seiten meiner Eltern hat mir die große Geschichte Deutschlands offensichtlich doch einige Last und Aufgaben mitgegeben: von meines Vaters Seite, dessen Vater, Mediziner, ein hoher Nazi-Funktionär und Gefolgsmann war; von meiner Mutter Seite, deren Vater, Anwalt, als Jude im Konzentrationslager umkam. Von einer Last, die ich mit zu tragen hatte, ohne sie zu kennen. Die undefinierbar war. Für mich offensichtlich undurchschaubar.

Es sind wohl historische, unvorstellbare Gegensätze in einer Elternwelt, die es zusammenzubringen gilt, ganze Weltenstränge von Führerschaft, Weltkrieg und Holocaust zusammengepfercht in meinem Kinderzimmer-Zuhause, die es zu verbinden gilt. Zwischen Menschen, zwischen Leben, Erlebnissen und Erfahrungen – und vor allem zwischen all den Dingen, die NICHT gesagt werden, die im Untergrund ruhen, im Hintergrund mitschwingen. Wo es Kommunikation brauchen würde, um solche Vergangenheiten, die gegensätzlicher nicht sein können, in irgendeiner Form zu verknüpfen. Kontakt zu schaffen oder die Gedankengänge zu verstehen, wie es sich wohl anfühlt, solch konträre Ausgangspunkte in einer Familie der Nachkriegsära erträglich zu machen. Und ich als Kind und Jugendlicher mittendrin.

Gefangen in einer tiefen Sprachlosigkeit, inmitten der scheinbar heilen Welt, aber doch so sensibilisiert, um die Hintergründe dazu durchaus spüren zu können, aber nicht zu verstehen: eine Gefangenschaft der Gefühle, der Gedanken, der Seele. In diesem selbst isolierten, inneren Gefängnis, inmitten dieser inneren, mitschwingenden Belastung einer Historie zwischen Eisernem Kreuz und Judenvergasung, wuchs in mir eine Welt der Worte, der Gedanken, der Fantasie. Eine Welt, die in den Träumen so bunt und fröhlich und vielschichtig und erlebnisreich war.

Worte, Bilder und Fantasie waren für mich die Rettung, der Fluchtweg, die Befreiung hinaus in eine lebenshungrige Erlebniswelt, voller Neugierde, voller Interesse, voller Energie, die Zusammenhänge und Gedankengänge der Menschen zu verstehen, – und darin deren Geschichten zu sehen: bunte, spannende, lebensfrohe, engagierte Geschichten. Traurige, ungerechte, romantische Geschichten. Geschichten, die aus der Realität komponiert sind, die Vergangenheit und Zukunft positiv verknüpfen. Und Hoffnungswege aufzeigen! Geschichten voller Wut, Verzweiflung und Dunkelheit, aus denen Welten der Freude, der Kraft und sinnlicher Gedankenspiele erwuchsen.

Und so schrieb ich mir schon als Jugendlicher die Finger wund, um aus meinem freundlichen, kleinen Zimmer mit der Schreibmaschine hinaus in die große Welt zu fliegen, an das Gute zu glauben und die Worte wie positiv inspirierende Waffen zu benutzen, tippend Seiten über Seiten Frauen und Männer zu erspüren und zu beseelen, Persönlichkeiten, ihre Träume und Gedankengänge zu skizzieren und um die bunte Vielfalt und Freude des Lebens zu beschreiben und auf den Punkt zu bringen.

Es sind also die Worte, die Sprache, die Impressionen und Bilder, das habe ich – so gesehen – von klein auf gelernt, die es uns ermöglichen, selbst im Rahmen einer durchaus komplexen, manchmal dunkel belasteten Realität ein farbenfrohes Leben zu gestalten. Hoffnung und Optimismus zu vermitteln. In einer respektvollen, empathischen Form zu kommunizieren. Dies ist meine Intention. Dies ist mein Drang. Deshalb habe ich mein Leben lang geschrieben. Und erzählt. Und versucht, Gegensätze, Ideen, Ängste wie Träume konstruktiv zu verbinden, zu vermitteln, zu harmonisieren und auszugleichen. Als Journalist, als Verleger, als Mediator, als Autor, als Mensch. Privat und in der Arbeit.

In diesem Sinne sind die Beobachtungen entstanden, die in diesem Buch in zehn Kolumnen-Kapitel zusammengefasst sind: über die Situation unserer Welt heute und die wachsende Bedeutung der Kommunikation – inmitten einer Überflutung durch Informationen, die so gewaltig ist, dass wir kaum noch Wahrheit, Fakten und Fake unterscheiden können. Inmitten eines Drangs zu Unverbindlichkeit und Oberflächlichkeit, die das Denken am liebsten nur noch in kurze, momentbezogene Populär-Slogans fassen will. Und wo es dennoch Chancen und Lösungsmöglichkeiten gibt, wenn wir aus der kommunikativen Finsternis den nötigen Optimismus ziehen, die Fantasie, den Mut, selbst zu agieren, selbst die Worte in den Mund zu nehmen und Haltung zu zeigen. Zeichen zu setzen.

Das ist mein Credo. Und dies soll das Credo sein, das ich in diesem Buch als den neuen „Pakt der Hoffnung“ aufzeigen will. Und vermitteln. Ganz im Sinne meiner Jugend und Berufung: Worte, die wirken – und die retten!

Inhalt

**Stellt Euch vor:
Ihr kommuniziert
und merkt nicht,
ob jemand zuhört.**"

Kapitel 1

Der Info-Overload macht uns alle verrückt

Keine Chance auf Klarheit und Orientierung: Wir stecken mittendrin in einem riesigen medialen Aufmerksamkeitsdefizitsyndrom, das unser Gehirn zerreißen wird.

Lange wollten wir es nicht wahrhaben, dass die Veränderungen dieser neuen globalen Kommunikationswelt auch tatsächlich unser eigenes Leben und Ego verändern. Jetzt wissen wir es! Der Multi-Channel-Info-Overload legt das Gehirn lahm – und letztlich sogar das ganze System: MAD – das „mediale Aufmerksamkeitsdefizitsyndrom" bedroht uns. In der Flut an Infos, Postings, Meldungen, News, Botschaften, aus Fakten, Halbfakten, Wahrheiten und Halbwahrheiten, Lügen und Unterstellungen verlieren wir zunehmend die Orientierung.

Angenommen, wir wollen etwas erzählen. Und dann fällt uns nichts ein. Angenommen, wir wollen etwas verstehen – und es gelingt uns nicht. Oder: Man redet und redet und redet – und keiner reagiert. Man erzählt spannende Geschichten und niemand verspürt das geringste Prickeln. Stellt euch vor: Ihr kommuniziert und merkt nicht, ob jemand zuhört. Unklar, ob es euch gelingt, euer Gegenüber zu faszinieren – oder zu langweilen. Stellt euch vor: Ihr nutzt unzählige trendige Kommunikationsmittel wie Facebook, Twitter oder Online-Plattformen – und findet doch nicht mehr Freunde.

Am Anfang war das Wort.
Da war alles noch ganz einfach. Es gab noch schlichte Rauchzeichen der Ureinwohner, Felsenmalerei und die fremdartigen Laute der Primaten. Oder die „Obrigkeit" und die Kirche, die sagten, wo es langgeht. Später prägten die Medien unser Leben. Sie bestimmten den Rhythmus und die Entwicklung. *BRAVO* war für die Aufklärung in der Pubertät da, *Playboy* und *PETRA* für die Single-Zeit danach. Tageszeitung und öffentliches Fernsehen erklärten die Welt, je nachdem, wie man sie sehen wollte – und sollte. *Tagesschau* oder *Stern* waren zu diesen Zeiten die eindeutigen Kommunikationsherrscher über Wissen, Trends und News, echte Medien-Autoritäten. Meinungs-Autoritäten.

Heute hat sich alles massiv geändert. Im Zeitalter der „Kommunikations-Industrialisierung" hat sich die Kommunikationswelt total verwandelt. Statt eines einfachen Gesprächs zwischen zwei Parteien wird daraus eine Vielzahl an „Botschaften", für Freunde, Fans, Zielgruppen und „Communitys". „Kommunizieren" wird zu einem Massenphänomen – und das Sprechen zu einem Massenereignis rund um die Medien, um Internet, Smartphones, Facebook, Twitter & Co. – also vor allem die technischen „Kommunikationsmittel“.

Info-Flut führt zu Orientierungslosigkeit

Diese Entwicklung hat Konsequenzen für jeden von uns. Je mehr solche Zielgruppen-Botschaften auf den Markt kommen, je größer die Flut an Informationen und Gesprächsbestandteilen ist und je massenhafter die Sprechsituationen, umso stärker wird die Verwirrung. Nach dem ersten *BILD*er-Sturm in den 60er-Jahren stärkte sich zuerst das Bewusstsein, eigenständige und unabhängige Medien-Plattformen zu entwickeln.

Dann folgte sukzessive die Unübersichtlichkeit, die pure Quantität. Und es entstanden schnell die ganz neuen Info-Wege. Heutzutage ist deshalb alles anders: „News“ kommen oft schneller und „live“ via Internet, aber man weiß nie so genau, wem man da wie glauben kann und soll. „Trends“ sprießen aus den unzähligen Social Media Gruppen, in kleinen Communitys, die sich in ihrer oft ganz eigenen „Trend“-Sprache austauschen. Und „Wissen“ verliert sich immer mehr in der Info-Flut an Besser-Wissen-Publikationen print oder online, in einem „Fakten“-Overkill, der es zunehmend schwierig macht, sich die wesentlichen Infos richtig herauszufiltern.

Auf vielen Gebieten fühlen wir uns infolgedessen verloren in einem sich kontinuierlich vergrößernden Vakuum, einem luftleeren

Raum, der uns immer mehr in vielen essenziellen Bedürfnissen allein lässt: Jeder ist auf sich allein gestellt, wenn es im Info-Overkill von Inputs, Inhalten, Ideen darum geht, Orientierung, Anhaltspunkte und Hilfestellung zu finden. Was ist eine Botschaft, was ist eine kleine Neben-Info, was ist wichtig, was ist nebensächlich? Auf welchem Weg erreichen mich welche Botschaften? Was habe ich von wem zu erwarten? Wem kann ich glauben?

Verloren im Universum der medialen Botschaften?

Höchste Zeit, sich darüber Gedanken zu machen. Denn ob wir uns in Zukunft noch miteinander verständigen werden können, ist keine Nebensache und kein Randthema. Es ist die entscheidende Frage, wie sich Geschichte entwickelt, Menschen miteinander kommunizieren, wie Ereignisse hervorgerufen und begleitet werden. Was gab es da in den letzten Jahren nicht für enorme Umwälzungen, ausgelöst von neuen Kommunikationstechnologien, von der Facebook-Revolution im Nahen Osten über „Anonymous"-Hacker-Attacken bis hin zu politisch hochbrisanten „WikiLeaks"-Online-Aufdeckungs-Skandalen, Shitstorms und Social-Media-Lügenkampagnen.

Insofern sind wir heute immer häufiger „Betroffene", vielleicht sogar Opfer, von Kommunikation. Ausgeliefert, hin- und hergerissen in einem Strudel der Informationsmassen, die ständig in sich steigernder Lautstärke auf uns einprasseln – und Verwirrung stiften bei allen Sinnen, im Gehirn. Die Welt wird zum Gegner. Die scheinbaren Lügen, Betrügereien, Täuschungen, schaffen völlige Irritationen, erzeugen falsche Zielvorstellungen und führen zu unerreichbaren Träumen. Vielleicht löst dieses Orientierungschaos zu guter Letzt gar den aktuell so gerne zitierten „Burn-out“ aus: Feuer erloschen! Weil nichts zusammenpasst, wird alles scheinbar falsch: unklar, finster.

Insofern sind wir heute immer häufiger „Betroffene“, vielleicht sogar Opfer, von Kommunikation. Ausgeliefert, hin- und hergerissen in einem Strudel der Informationsmassen. ”

Allein und ohne Orientierung. Wenn jeder von uns in seinem eigenen Universum unterwegs ist, wie sollen wir uns dann noch verstehen? Wenn sich unsere Kommunikation in Abermillionen Teilchenpartikeln von Worten, Aussagen, News, Informationen und Bildern zerspalten hat und unsere persönliche Kommunikations-Umwelt in Einzelteile zerlegt, wie sollen wir dann noch den Kopf über Wasser halten? Die Auswirkungen sind so groß, dass es Betroffene wie Experten verwirrte und immer wieder zu oberflächlichen Schlüssen und neuen „Trends" inspirierte: Von einem medialen Erdbeben wurde gesprochen – und dass sich alles grundlegend ändert. Und immer was Neues dazukommt. Alle naselang wurde ein neues Kommunikations-Tool als der „Allesglücklichmacher" neu in den Himmel gelobt. Wer kann sich noch an „Second Life" erinnern, in dessen Leben man dringend teilnehmen hätte müssen, um mit dabei zu sein. Denn „Alles wird online", postulieren die selbst ernannten Internet-Propheten. Heute ist plötzlich alles nur noch „mobile" – und „Mobile Medien" en vogue und das neue Schlüsselwort, alles andere sowieso völlig out. Aber natürlich: Ohne „Social Media" kann man auch nicht leben.

Das mediale Aufmerksamkeitsdefizitsyndrom

Zurück bleiben wir Menschen, gefangen und gefesselt scheinbar in einem System, dem wir nicht mehr gewachsen sind. Denn wenn alles so perfekt und vielschichtig, vielfältig ist, perfekt individualisiert, perfekt aufbereitet, perfekt angepasst, wird die Perfektion zur Bedrohung. Die Überforderung steigt. Die Überflutung, das Ausnutzen technischer Möglichkeiten, führt zwangsläufig – keineswegs nur medizinisch – zu einer Art medialem Aufmerksamkeitsdefizitsyndrom, „die bei Erwachsenen auftretende Form der Aufmerksamkeitsdefizit-/Hyperaktivitätsstörung (ADHS)", ausgeliefert den – laut Marketing- und Kommunikationsstrategen

– „snackabel Info-Happen“ ohne inhaltliche Tiefe, die uns „all channels“ überfluten.

Wie heißt laut Wikipedia die Definition so passend:
„Vermutete Ursachen sind zum einen die fortschreitende Vernetzung der Gesellschaft und die damit einhergehende Reizüberflutung durch ein Überangebot an Informationen, Kommunikation und medialen Reizen wie Fernsehen, Computer und Mobiltelefon, zum anderen die deutlich erhöhten Anforderungen an jeden Einzelnen durch die zunehmende Komplexität im privaten und beruflichen Leben.“

Die Konsequenzen, egal ob als Krankheit oder als Lebenserfahrung, führen längst dazu, dass Psychologen uns raten abzuschalten. Egal, ob als User, Leser, „Zielgruppe“ betroffen, so die dringliche Empfehlung, müssen wir reagieren, müssen lernen zu filtern, selbst zu definieren, müssen uns raushalten und uns zurückziehen.
Die psychologischen Schlagworte lauten: Aussteigen, selektive Nutzung, Ausschalten, Ausblenden, Konzentrieren – in irgendeiner Form dichtmachen. Und dies führt zu ganz praktischen Empfehlungen: „Nicht jeder Newsletter muss gleich gelesen, nicht jede Mail sofort beantwortet werden, heißt es von Seiten des Berufsverbands Deutscher Psychologinnen und Psychologen. „Häufig ist gerade der überfordert, der jede Neuigkeit aus dem Netz mitbekommen will.“ Aufgrund der großen Informationsmenge sei das aber gar nicht möglich.

Digital Detox als Gegenreaktion

Das neue Trend-Wort der Gegenbewegung dazu war schnell gefunden und in aller Munde: „Digital Detox“! „Digital Detox“ gilt als notwendige Entwicklung, die zu Enthaltsamkeit, geistigem Säubern und Zurückhaltung aufruft bei all den massiven Kommunikationsaufschlägen, die auf die Menschen einprasseln. Den Körper reinigen – und den Kopf.

Denn die unerklärliche, in uns brodelnde Gier nach Informationen und News vom RSS-Feed bis zur „Breaking News“ steht der absoluten Überlastung gegenüber. Und dem Bedürfnis nach einem strengen Selektionsprozess: auf ein bestimmtes Info-Spektrum, auf ausgewählte Info-Quellen: Selbstbeschränkung bei den Inhalten, bei den genutzten Links. Und in den Nutzungszeiten. Nur so, heißt es, lässt sich der Stress vermeiden, das Gefühl, etwas zu verpassen – und die Kontrolle zu verlieren. Also: „Newsletter abbestellen, Mail-Fach filtern, Privatsphäre stärken“! „Höchstleistung durch Hemmung“, nennt der Psychologe das Prinzip: „Je mehr man ausblendet, desto mehr kognitive Fähigkeiten bleiben für eigentlich Wichtiges.“

Aber ist das wirklich so?
Sollten wir den Kopf in den Sand stecken und hoffen: Alles wird gut? Nichts hören, nichts sehen, nichts fühlen? Haben wir eine Chance, mit einem solchen Abschaltreflex und -mechanismus zu überleben? Wie sollen wir uns im Detox-Modus einbringen, wie eine eigene Position beziehen und uns verwirklichen, wenn wir uns ins Abseits stellen? Am Rande der Kommunikationswelt in

einer „Happy-End"-Enklave allein mit dem inneren Seelenheil? Es scheint eher wie eine Flucht statt eine Lösung. Insofern ist es wohl eher angesagt, nach den Wegweisern in der komplexen Kommunikations-Desorientierung zu suchen denn nach dem Exodus. Welche „Fallen" warten auf uns? Wie finden wir uns zurecht? Wo ist die Lösung?

Machen wir uns also auf den Weg!

Die Glaubwürdigkeitskrise zerstört unser kommunikatives Fundament"

Kapitel 2

Die verrohte Sprache verroht unsere Realität

Fakes statt Fakten – wir treiben in der Glaubwürdigkeits-Katastrophe.

Durch das Auseinanderdriften von Sprache und Kommunikation in unzählige Glaubens- und Selbstbestätigungs-Communitys entgleitet uns die Autorität über unser Verständnis der Welt. Jeder versteht etwas anderes unter möglicherweise gleichen Dingen. Scheinbare Fakten werden allesamt zu „Fakes" – zur Ansichtssache aus den jeweiligen Perspektiv-Blickwinkeln. Und so entgleitet uns auf einmal die Welt – und unser gemeinsamer Nenner.

Unsere Sprache verroht – überall: zuerst auf Facebook und Twitter, wo die sozialen Werte durch die vermeintliche Anonymität durcheinandergeraten sind, aber auch in den Kommentarspalten der Medien, in geschlossenen Whatsapp-Gruppen. In unseren Diskussionen mit Freunden und Mitmenschen. Meinungen werden nicht mehr abgewogen, überlegt und vermittelt, sondern verkauft, Argumente und Fakten nicht mehr interessiert ausgetauscht, sondern tendenziös gesucht und eingesetzt.

Wenn die Sprache verroht, verroht auch das gesellschaftliche Klima, der Konsens, letztlich unsere ganze Realität. Denn wenn für uns Menschen Wirklichkeit ist, was formuliert und somit für das Gehirn greifbar gemacht werden kann, wird auch die Realität der Dinge verrohen. Das gemeinsame Verständnis. Unser Dasein zerfällt in subjektive Einzelphänomene. Keiner glaubt mehr dem anderen, weil die Sicht und Interpretation der Dinge zu weit auseinanderdriftet, dass der gemeinsame Nenner entfällt. Weil jeder etwas anderes unter der scheinbar gleichen Sache versteht. Weil

Wenn die Sprache verroht, verroht auch das gesellschaftliche Klima, der Konsens, letztlich unsere ganze Realität.”

sich jeder ein anderes scheinbar „wahres" richtiges Bild macht, doch die Bilder kaum unterschiedlicher sein können in der jeweiligen Wahrnehmung.

Phänomenologie der Fakten

Die verrohte Realität findet keine Basis mehr in der faktischen Beurteilung der Dinge: Objektiv, was ist das? Ist es Naturwissenschaft? Ist es Meinung oder Tatsache? Wenn ich mir einen Stuhl anschaue, ist er ein Stuhl, ein Stück Holz oder ein Ruheort? Oder eine Einladung zum Essen? Oder die Aufforderung, sich endlich still hinzusetzen? Wenn ich mir ein wissenschaftliches Forschungsergebnis anschaue, ist es eine Bestätigung meiner Meinung, ein Widerspruch, ein bewusst ausgewähltes Argument – oder boshafte Tatsachen-Interpretation von „anderen"?

Sogenannte „Tatsachen" werden gefühlt zum Spielball der Anschauungen. Die einen benutzen den Stuhl für Diskussionsrunden, um die Welt zu retten, die anderen brauchen das Stuhlbein als mögliches Schlaginstrument. Oder sehen das Konstrukt als überflüssiges Teil, das im Weg steht. Es gibt keine gemeinsame Basis mehr. Der einheitliche Blick auf die Dinge entfällt.

Kein Thema wird boshafter, missgünstiger diskutiert als das Thema Klima. Hochkarätige Expertenmeinungen, Studien und Wissenschaftserkenntnisse werden beliebig gegeneinander ausgespielt. Je höher der Wissensstand, desto überzeugter der Standpunkt: Eingriff in die Freiheit, Humbug, Fehlinterpretation versus

Klimawandel, Notwendigkeit der Regulation und Rettung unserer Zukunft. Die Fronten stehen sich unversöhnlich gegenüber – auf höchstem Diskussionsniveau. Oder Migration, Flüchtlinge, Globalisierung…

Wenn wir den erlebbaren, kommunikativen Konsens und damit die Möglichkeit auf ein einheitliches Verständnis der Dinge verlassen, wird unsere Gesellschaft in sich implodieren. Es gibt diversifizierende Gruppen, die sich untereinander bestätigen und dem Gegenüber nur noch misstrauen. Es gibt Medien, die entweder nach eigenem „Gusto" berichten, oder denen man unterstellt, dass sie es täten. Es gibt wachsende Communitys, die sich lieber gleich eine ganz eigene Welt und Realität erzeugen.

Wie sollen wir uns und unser Leben und unsere Welt verstehen, wenn sich all unsere Tatsachen und Fakten phänomenologisch auflösen? Wenn es keine „Wahrheit", keinen Gleichklang, keinen Pakt mehr gibt. Keine „Autorität" auf die Sicht der Dinge. Die Realität und das Verständnis der Realität zerlegen sich in Abermillionen Teilchenpartikel aus Worten, Aussagen, Gegenargumenten, News und Gegen-News. Unsere persönliche Wahrnehmung wird in sensorische Einzelteile aufgespalten: Augen, Ohren, Gefühle. Was wir unter der Rezeption verstehen, wird zur Interpretation, zu Info-Bruchteilen am Computer, kurzen Zeichen am Handy, „Messages" in Whatsapps oder in E-Mails.

Die digitale Realität

Atomknall in unserer nächsten Umgebung? Eine solche kerngespaltene Partikel-Kommunikation, das Nebeneinander-her-Agieren und -Sprechen, abgeschirmt in geschlossenen Facebook-Gruppen, in kleinen Zirkeln, die am liebsten unter sich bleiben und streng regulieren, führen dazu, dass es immer unzähligere winzige „Sub-Ghettos" gibt, Gruppen, die sich abgrenzen, die sich mit ganz eigenen Codes und Zeichen verständigen. Und die keiner mehr kapiert. Und über die sich alle streiten.

Wir verlieren die gemeinsame (Gesprächs-)Basis. Sollen wir alle zum Computer mutieren, wenn die Welt zu einer Aneinanderreihung von Binär-Codes darstellbar wird? Die technische 01-Codierung kreiert in ihrer digitalen Aufrasterung scheinbar neue Hyper-Realitäten – Realitäten, besser als sie jedes menschliche Sinnesorgan je aufnehmen könnte. Besser als die menschlichen Aufnahmefähigkeiten. Werden neue „Tatsachen" geschaffen, denen wir als Menschen eh nicht mehr standhalten können? Geschweige denn, sie überprüfen können. Oder glauben?

Angesichts dieser unzähligen virtuellen „Scheinwelten" zerfällt die Welt – inhaltlich und technisch - zunehmend in einzelne Miniatur-„Cyberwelten", in Community-unterteilte Individual-Realitäten: Infos und Daten werden je nach Interessen und Perspektiven manipuliert, optimiert, technisch präzisiert. Zurück bleiben wir Menschen, gefangen in einem System, dem wir nicht mehr gewachsen sind. Denn wenn alles so perfekt ist, perfekt individualisiert, perfekt aufbereitet, perfekt angepasst, wird die Perfektion zur Bedrohung.

Und so verlangen die neuen digitalen Realitäten von uns eine Optimierung unserer menschlichen Sinne, die wir gar nicht leisten können. Tatschen werden zu Phänomenen, die wir nur noch als Interpretation kennen, die Wirklichkeit wird zu einer technisch-automatisierten Vision, einem Geradebiegen der Realität, quasi deren zurechtgerückte Neukonstruktion, die uns überfordert. Es bleibt nur noch Misstrauen. Gegenüber allem, was man sieht, hört, spricht, fühlt, empfindet, versteht. Der Verlust der Versteh- und Realitäts-Basis: unterschiedlichste Wirklichkeiten. Bei jedem Einzelnen von uns.

Auf diese Weise rasen wir schnurstracks in eine riesige Glaubwürdigkeits-Katastrophe. Die alles zersprengt. Die uns und unsere Wirklichkeit zersprengt. Denn wenn es kein einendes (Glaubens-)Band mehr gibt, wenn es keine gemeinsame Realität oder Vorstellung davon mehr gibt, dann ist das Ausmaß der Katastrophe schlimmer als jede Naturgewalt: Alles zerlegt sich in Einzelteile. Hoffnungslos, verbindungslos, toxisch.

Die verlorene Realität – Fake-Realität?

Der Verlust unserer Realität riskiert unser soziales Zusammenleben. Die Gesellschaft. Denn nur das, was wir in Worten miteinander besprechen können, was in Worten gesprochen und formuliert werden kann, so postulierten schon Ende des letzten Jahrhunderts Sprachphilosophen um Ludwig Wittgenstein, ist real, ist für uns eine kommunikative Wirklichkeit. Wenn also jeder seine Wahrheit in unterschiedliche Worte packt, gibt es unzählige Wirklichkeiten. Und somit keine mehr. Wenn Worte nicht mehr zählen, zählt auch die Wirklichkeit nichts mehr. Dann haben wir keine mehr. Und nichts mehr gemein.

Der Verlust unserer Realität riskiert unser soziales Zusammenleben. Die Gesellschaft. ”

Das Gleiche gilt – als Steigerung der Realitätenzerstörung – inzwischen längst bei Bildern, Fotos, Filmen und Videos, die man in den Medienwelten online, im TV und selbst Zeitungen präsentiert bekommt und denen man „als Mensch“ einen hohen Grad an Verbindlichkeit zuschreiben würde: Was wir sehen, stimmt! „Ich habe es mit meinen eigenen Augen gesehen!“

Aber wer in den USA den TV-Sender CNN anschaut oder deren Online-News und auf den konkurrierenden Sender Fox News umschaltet, der „sieht“ und erlebt dort zwei Wirklichkeiten. Ohne nennenswerte Verbindungen. Ohne gleiche Realitäten. Völlig unterschiedlich. Auf der einen Seite zeigen die Moderatoren und die Berichterstattung eine scheinbar eindeutige Perspektive auf die Ereignisse und deren Einschätzung und Darstellung. Und auf der anderen Seite, dem anderen Sender, werden mit fast den gleichen

Ereignissen und „Geschehnissen“ ganz andere Bilder „gezeichnet“. Politische Einschätzungen, gesellschaftliche Ereignisse und Meinungen werden zum Realitätenentwurf des jeweiligen Interessensgebers, zum Meinungsbild des jeweiligen Financiers, Eigentümers oder Polit-Freundes. Wer möchte mit wem – wer hat welches Ziel? Nur eines ist sicher: Mit der „echten“ Wirklichkeit haben sie immer weniger gemein.

Wer die Bilder „sieht“, anschaut und digital „erlebt“, bleibt hoffnungslos im Unwissen und der Irrealität zurück: Was ist jetzt überhaupt „echte“ Wirklichkeit, real? Und was ist „Fake“ – als dieses alles dominierende, neue Trendwort? Was ist eine veränderte, manipulierte Sichtweise und Story? Wir dazwischen haben immer mehr das Gefühl, letztlich sei alles, was wir sehen, sowieso nur das Ergebnis dessen, was wir sehen sollen oder wollen – aus der subjektiven Brille des Erzählers! Und aus unserer Perspektive als Empfänger.

Ist es wirklich so brutal? Unsere Sicht der Welt ist immer nur „Fake“?

Sie ist nur mehr das, was wir im Vielklang der Worte und Bilder wie die jeweilige Interpretation davon hören, sehen und fühlen sollen.

DUMME FOTZE!
FICK DICH DU LURCH
HUREN SOHN!
DU SCHLAF-SCHAF!!
ARSCH!
DUMME REGIERUNGS ...
KÜMMEL-TÜRKEN RAUS!

Das Internet hat eine neue Philosophie der Unverbindlichkeit geprägt. Nur der momentane digitale „Gefällt mir“-Genuss gilt als Maßstab.”

Kapitel 3

Völlig losgelöst – gefährliche Unverbindlichkeit

Ohne Fokus und Perspektiven gefangen in der „Schaun-wir-mal"-Gesellschaft.

Nur der Moment zählt? Nur der aktuelle Wohlfühl-Status!
Diese langjährige Snapchat/Instagram-inspirierte „Schau-ma-mal"-Lebensphilosophie führte zur einer riskanten „Ver-Tinder-isierung unserer Gesellschaft – zum unverbindlichen „Wisch und weg"! Keiner will sich mehr festlegen, jeder sich am besten alles offenhalten. Was wird das erst für unsere Gesellschaft und Politik bedeuten?

Jeder hat es schon erlebt: Es beginnt mit einer einfachen Essenseinladung oder Dinner-Runde, wo sich keiner so recht „committen" möchte, ob er auch wirklich kommt. „Ist es ok, wenn ich dir erst zwei Tage davor Bescheid gebe?" „Ich muss erst noch schauen, ich hab da noch einen anderen Termin ..." „Ich komme gern, aber ...!" Wie soll man die Tischreservierung umsetzen – oder den Einkauf organisieren? Wer wird auftauchen, wer nicht? Und wie soll man je gar ein richtiges aufwendiges Treffen unter Freunden organisieren, wenn keiner je so richtig fix zusagt?

„Schau ma mal" – „Ich weiß noch nicht!" – „Ich melde mich noch mal!" Das kleine unscheinbare Wort „vielleicht" ist zu einem der neuen großen Schlüsselbegriffe geworden – zur neuen Lebenseinstellung: Niemand will sich klar festlegen, jeder sich alles offenhalten. Aus den unspektakulären Momentaufnahmen der erfolgreichen Trend-Online-Portale wie Snapchat, Instagram, Tinder und Facebook hat sich still und heimlich ein scheinbar cool-lässiger Verhaltenskodex entwickelt, der die Unverbindlichkeit des Moments zur neuen Glücksdoktrin verklärt: Lege dich nur auf das fest, was dir in den nächsten „Instant-Momenten" gefällt – Fotos für wenige Minuten, 30-Sekunden-Short-Storys und Video-Clips, die nach 24 Stunden verschwinden – vielleicht gut, vielleicht schlecht: „Schau ma mal!"

Immer nur „vielleicht", immer nur der Augenblick. Es scheint fast wie eine innere Panik: Wer sich zu arg bindet, riskiert Genuss und Wohlbefinden – im Sinne seines tagtäglichen „Best of"-Deals: Man könnte ja einen anderen, möglicherweise „besseren" Genussmoment verpassen! „Vielleicht" kommt was Neues? Besseres

Essen, bessere Leute, besserer Zeitpunkt. „Ich fühle mich eingeengt“, erklärt eine Bekannte voller Überzeugung, „so wie das scheinbar 90 Prozent meiner Mitmenschen tun, wenn ich mich festlege. Ich will sagen: ... erspart einem eine Menge Diskussionen und Ärger und entspricht womöglich der Natur des Menschen, Entscheidungen lieber spontan zu treffen. Festlegen kann einfach anstrengend sein.“

Das Momentum der Unverbindlichkeit

Das Internet hat eine neue Philosophie der Unverbindlichkeit geprägt. Nur der momentane digitale „Gefälltmir“-Genuss gilt als Maßstab. Digitaler Vorreiter in dieser Richtung war Snapchat, das es sich zum Programm gemacht hatte, kurze Bildmomente gerade mal für wenige Sekunden den Freunden zum Anschauen zur Verfügung zu halten. Dann verschwinden die Fotos – für immer. Und dann zog die Konkurrenz nach: Instagram setzt auf „Instant“-Motive, die gerade mal kurze harmonisch-positive Einblicke in die Erlebniswelt bieten – unkomplizierte kleine Fluchten in schöne Traumwelten. Oder die neuen „Short Storys“ auf der gleichen App, die ebenso wie bei Facebook nur für 24 Stunden aktiv bleiben, um zu erzählen, was gerade passiert. Und dann sind sie wieder weg. Spurlos – und für immer.

Wisch und weg. Das Tinder-Modell wird zur neuen „Benchmark“: Bei dem großen digitalen Kennernlern-Portal werden die Fotos potenzieller Liebes- und Lebenspartner ganz kurz – mit höchstens ein paar netten Worten garniert – angezeigt, bevor man sie negativ zur Seite wischt – oder als „gut“ markiert. Genau so hat sich die Diktatur des schnellen Blicks längst in unser gesamtes soziales Miteinander gearbeitet, ins Leben – und in die Haltung zum Leben. Wenn der erste Eindruck nicht passt, dann heißt die Konsequenz: kurz überlegen, dann einfach wegklicken. Wenn die ersten Aussagen einer Kommunikation nicht passen, einfach das „Match“ wieder auflösen. Keine großen Worte drum herum machen. Denn schon das nächste „Match“ könnte das bessere sein. Warum sich also festlegen? „Schau ma mal“ – „Lass uns sehen!“

Es gibt inzwischen sogar noch eine Steigerung dieses neuen „flexiblen“ Beziehungs-Managements: „Ghosting“ nennt sich der Trend, Freundschaften, Bekanntschaften, gar Beziehungen einfach dadurch zu beenden, dass man sich online, am Smartphone, bei Mails, Whatsapps oder Anrufen einfach gar nicht mehr meldet: keine Antworten mehr auf Fragen, einfach sich totstellen – wie ein „Geist“ verschwinden. Ehemals Freunde werden kurzerhand „blockiert“, der digitale Strang ist abgeschaltet. Freundschaft beendet. Basta. Klares Motto: „Hat nicht mehr gepasst, weg damit!“

Glücksmoment schlägt Glücksplanung?

Nichts hat Bestand. Nur der Moment zählt. Wenn sich sogar Zwischenmenschliches, Gefühle, Empfindungen und Erlebnisse ins Momentane verlagern, wenn sich alles aus dem augenblicklichen Gefallen definiert, geht jegliche Verbindlichkeit verloren: Kurzfristig intuitive „Gefällt mir“-Antriebe dominieren die Entscheidungsprozesse. Was bleibt? Die Menschheit wäre wohl sicher im steinzeitlichen Stadium hängen geblieben – und längst verhungert, hätte sie sich schon immer primär an dieses fröhliche Spontanprinzip gehalten: Was mich anmacht, ist mein Maßstab. Aber ob es mich wirklich anmacht, weiß ich jetzt doch nicht.

Keine Klarheit, keine Haltung. Und so wird auch jegliche Kommunikation zu einer unverbindlichen Momentaufnahme – ohne Wert, ohne längerfristige Perspektive. „Ich sage, was der Moment mir sagt!" Und auch die mögliche Antwort ist insofern nur ein kleiner Blickwinkel der Gegenwart, dem niemand mehr glauben oder vertrauen kann: Gespräche ohne Wert, Träume ohne Haltbarkeit.

Denn wie soll sich aus so einer Aneinanderreihung spontaner Entscheidungen und Aussagen je ein interessantes, reichhaltiges Leben entwickeln, das nach vorne zeigt? Wie aus lauter kleinen Plus-„Augenblicken" eine attraktive Entwicklungsperspektive? Wie aus kleinen Kurzzeit-Genüssen ein erfülltes Leben? Oder aus der Summe einzelner kleiner „Gefällt mir"-Momente ein genussvolles „Gesamtbild"? Das kann letztlich genauso wenig funktionieren, wie dass sich aus lustig-nebensächlichen Short Storys oder kurzen „Snaps" eine attraktive Geschichte, gar ein Roman – oder ein gutes Filmdrehbuch entwickelt. Keine Dramaturgie, kein Handlungsstrang, kein Finale.

Dennoch kommt dieser neu wirkende amerikanische Silicon-Valley-„Instagram-Snapchat-Short-Storys"-Trend keineswegs aus dem Nichts: Er hat eine lange, geistig-spirituelle Geschichte: In der Diskussion mit einem Freund kommt das große Argument: „Du weißt doch: Was uns alle sehr inspiriert hat, war der Buddhismus und seine Lehre: ‚Genieße den Moment', ‚Der Weg ist das Ziel!'." Noch immer gilt das Hippie-inspirierende Credo als Maßstab intellektueller Wahrheiten: Buddhas Pfade dienen als wesentliche Inspirationsquelle, um christlichen Schweregefühlen zu entkommen. „Zen und die Kunst, ein Motorrad zu warten" war der Aufruf zur entspannten, freien Genusserfahrung. Gegen den stets drohenden Sündenkatalog bei Freude, Liebe, Freiheit.

„Blowin' in the wind" prägte als Song die Generation. Er demonstrierte die Lockerheit des Augenblicks, die Befreiung aus den bürgerlich-einengenden Zwängen. Bob Dylans Hymne zelebrierte ebenso den (Aus-)Weg wie Jimi Hendrix mit seinen legendären Woodstock-Songs. Später – lange nach den kalifornischen Blumenkinder-Hippie-Impulsen – haben die Punks im Angesicht der gesellschaftlichen Verkrustungen voller Wut wieder dazu aufgerufen, nur noch auf das „Jetzt" zu setzen. „Live and loud" – die Sex Pistols, Clash oder in Deutschland Fehlfarben postulierten: „Lebe im Jetzt, denn morgen könntest Du schon längst tot sein."

Riskantes Lebens-Paradoxon

Mit anderen Worten: Das Dilemma hat eine lange Geschichte. *Es ist ein brutales Lebens-Paradoxon: Planst du viel oder alles, kannst du nicht genießen! Aber genießt du nur, hast du keinen Plan.*

Ein riskantes Balance-Spiel: Wer alles seiner „Strategie“ unterwirft, verliert seine Emotionalität, Spiritualität, Genuss- und Lebensfähigkeit. Wer nur seine aktuellen „Gefällt mir“-Häppchen über alles stellt, steht am Schluss ohne verbindlich-verlässliches Lebensmodell da – ohne nachhaltiges Fundament für eine schöne, gesicherte Zukunft und klare Perspektive? Für sich – und für die anderen.

Wer nur seine aktuellen „Gefällt mir“-Häppchen über alles stellt, steht am Schluss ohne verbindlich-verlässliches Lebensmodell da. ”

Plötzlich ist dann – worst case – nichts mehr übrig zum „Gefallen“ in einer ungeplant planlosen „Umwelt“? Das Risiko ist groß: Denn die „Schau-ma-mal“- und „Wisch-und-weg“-Methode kann nicht wirklich funktionieren bei größeren gesellschaftlichen Aufgaben. Wenn sich jeder aus allem heraus hält, bis man nicht mehr weiß, was man braucht, was man will, was gut und was schlecht ist, kann sich kein nachhaltiges Bild formen. Dann gibt es keine Verantwortungsthemen wie Umweltschutz, soziales Miteinander, Respekt und Nachhaltigkeit.

Letztlich ist sogar die Politik oft genug schon zur „Gefällt-mir-Moment-Show“ geworden, zu „Insta-Politics“ mit Snap-Meinungen und „Twitter“-Botschaften auf 140 Zeichen. Kurzfristigkeit regiert. Politische Entscheidungen und Richtungen werden zum populistischen Spielball momentan angesagter „Gefällt-mir/Gefällt-mir-nicht“-Empfindungen: Alles orientiert sich am augenblicklichen Stimmungsbild.

Trump hat diesen neuen Politikstil des schnellen „Schaun-wir-mal“ ebenso perfektioniert wie die populistischen Politikvertreter in ganz Europa: Was im Moment gefällt, wird gefordert! Was danach kommt, zählt nicht. Es ist nicht Twitter als Kommunikationsmittel, das diesen Weg so „unklar“ macht, sondern die Beliebigkeit der „Gefällt mir“-Entscheidungen: Gefallenspunkte als Standpunkte. „Vielleicht“ ist es heute so, „vielleicht“ anders. Festlegen gilt nicht – ist zu „anstrengend“. Morgen könnte alles schon ganz anders sein. Je nach Tendenz: Daumen hoch, Daumen runter.

Für uns kommunikativ bedeutet das: Jede getroffene Aussage ist im „worst case“ auch nur noch ein „vielleicht“! Worte, Meinungen und Informationen wirken wie vom Winde verweht: Wir drehen uns nach dem Wind – und wir haben unseren Anker verloren. Wir drehen uns im Kreis!
Ohne klare, gemeinsame Fix- und Ankerpunkte aber verliert sich unser Halt.
Und unsere Gemeinsamkeit.

SWIPE!!!

Stell dir vor, du kommunizierst bei Facebook mit einem Menschen. Und dabei ist es kein Mensch. Es ist ein Computer, der sich vorstellt, was du wünschst, was du willst.”

Kapitel 4

Blogger, Neuromarketeer, Bauernfänger

Riskantes Spiel mit der „Wahrheit“: Influencer-Hype, Social Bots und Neuro-Manipulation.

Was man früher „Schleichwerbung“ nannte, heißt heute „Influencer“: Beeinflussen, Manipulieren, Übertölpeln. Was früher allseits verpönte Büfett-Journalisten waren, sind heute einerseits trendig-coole Blogger, die erzählen, wie sie sich bezahltermaßen durch die Welt essen, trinken und kleiden, als seien sie ihr eigener Homeshopping-Kanal. Andererseits computererrechnete Algorithmen, die herausfiltern, was angeblich für uns relevant sein könnte. Dazu kommen Neuro-Marketingexperten, die versuchen, ihre Botschaften gleich direkt in unsere unterbewussten Emotionssynapsen des Gehirns zu boosten. Schlechte Aussichten für eine faire, transparente Kommunikation.

Stell dir vor, du kommunizierst bei Facebook mit einem Menschen. Und dabei ist es kein Mensch. Es ist ein Computer, der sich vorstellt, was du wünschst, was du willst. Der versucht, deine Meinung zu stärken, zu verändern, in dem er aus deinen Hashtags oder Keywords scheinbar passende Bezüge herstellt. Und genau daran anknüpft. Würdest du wissen, dass es ein Computer ist, würdest du dich ärgern – und die vielen Nachrichten ablehnen. Aber der Computer ist schlau programmiert. Er macht absichtlich Schreibfehler, er gibt sich absichtlich „menschlich" – und so versucht er, dich aktiv zu beeinflussen. In der Community sozusagen. Unter uns.

Social Bots als Computer-Facebook-Menschen

Social Bots, Kommunikations-Roboter, nennt man das. Und sie sind das beste Beispiel, dass unsere Kommunikation zunehmend am Abgrund ist. Dass der Manipulation Tür und Tor geöffnet sind. Und der Boden eines fairen Dialogs längst verlassen wurde. Die Bots steuern – aus Großrechnern ausgespuckt – millionenfach vordefinierte Personenkreise an, um sie von einer Meinung zu überzeugen. Um die Zielgruppen in ihrer Meinung zu bestätigen, als sei es in großer Mehrheit eine gängige Meinung. Tag und Nacht aktiv, immer in Bewegung und immer am Kommunizieren.

Vor allem in der Politik erlebten die Social Bots ihren großen Boom. Großbritanniens Brexit, die Kampagne zum Ausstieg aus der EU, war eines der Highlights der computergesteuerten Meinungsmache: Gezielt dockten sich die Computerprogramme an jeden möglichen Facebook-Post-Aufhänger an und versandten vorgefertigte, aber individuell wirkende Botschaften. Getarnt als verärgerte Bürger, als betroffene Personen, als „Betroffene". Und auch in der großen Präsidenten-Wahlentscheidung 2016 in den USA zogen die Bots zu Tausenden aus, um als Fake-Profil-Nachrichtenmacher Entscheidungen zu verstärken oder zu verändern. Allein die pure Masse machte den Unterschied zum „normalen" Kommunikationsaustausch: Da konnte kein „echter Mensch" mithalten, um solche Mengen an Posts erfolgreich abzusetzen. Allein die Flut machte Eindruck – und schuf auf diese Weise eine scheinbare „Wirklichkeit" online, die mit der realen nichts zu tun hatte. Aber doch absolut real wirkte.

KI – künstliche „Intelligenz" macht Kommunikation

Künstlich programmierte Meinungen, Botschaften und Meinungsbildung, künstliche Intelligenz in der Kommunikation – die Frage ist und bleibt: Ist es mehr „künstlich" oder mehr „Intelligenz"? Die Social Bots sind die Spitze eines zunehmend manipulierten Kommunikationsspiels in der Welt. Die Informationen, die „Empörungen" und „persönliche" Positionen entstehen aus einem künstlichen System exakt berechneter, vorprogrammierter Algorithmen. Aus im Computer erzeugten und berechneten Reaktionen und Aktionen, um Kommunikation zu führen – und Menschen zu beeinflussen.

Aber auch im Marketing von Unternehmen wird immer stärker mit dem Gedanken gespielt, möglichst direkt und mit gezielten

Werbemaßnahmen möglichst breite Kunden zu „beeinflussen“. Natürlich spielen auch da genau berechnete Facebook-Posts eine wichtige Rolle, um auf Basis der Social-Media-Vorinformationen genau bei den passenden Zielgruppen genau die richtigen Botschaften abzusetzen: günstig, engagiert, familienorientiert ... Kommunikation aus der Cluster-Maschine.

Noch direkter, manipulierter wollen es die Anhänger des sogenannten „Neuromarketings“ machen. Sie messen im Gehirn, welcher (Werbe-)Impuls welche Wirkungen erzielt. Mithilfe der Magnetresonanztomografie MRT wird in allen Gehirnbereichen untersucht, wodurch und wo emotionale, rationale oder sonstige Reaktionen ausgelöst werden – und was an welcher Stelle des menschlichen Gehirns durch bestimmte Impulse passiert.

Und so heißt es in der entsprechenden Werbeforschung ganz pragmatisch zum Beispiel: „Verstärkte Aktivierung für wertvolle im Vergleich zu günstigeren Produkten im rechtsseitigen Hippokampus“. MRT-Gehirnscans aus dem Kernspintomografen zeigen in der Auswertung, in welchem Teil des Gehirns welche Botschaften und sinnliche Eindrücke welche visualisierbaren Reaktionen hervorrufen. Das ganze Gehirn steht im Fokus: Großhirn, Zwischenhirn, Hirnstamm. Das sogenannte „limbische System“ zeigt die Gehirnstrukturen. Und welcher Teil welche Funktionen hat.

Neuromarketing mit klarem Ziel: direkt ins Gehirn

Denn genau da wollen die Neuromarketing-Experten ansetzen: Weil die Emotionen der zentrale Schlüssel zum Verkaufserfolg seien, müsse gezielt geschaut werden, durch welche Impulse welcher Teil des Gehirns aktiviert wird. Möglichst direkt, möglichst ohne Nachdenken. Ziel ist es, das „implizite System" des Gehirns anzusprechen, sozusagen die tief verankerten, automatisch ablaufenden Autopilot-Reaktionen: unterbewusst, automatisch und schnell. Erst danach wirkt der „explizite Teil" mit, das Kontrollsystem, der kognitive Teil des Gehirns. So wurde erforscht, dass in den „Basalganglien" die Intuition gespeichert ist – und wirkt. Im „Lateralen Temporal-Kortex" wird die Bedeutung der unzählig aufgenommen Sinneseindrücke verarbeitet – und die „Amygdala" gilt als emotionaler Wegweiser und Schaltzentrale für alle Signale und deren Zuordnung und Bewertung. Dazu gibt es das „dorsale anteriore Cingulum" als Störungs-Check – und das „untere Stirnhirn" verarbeitet die Belohnungs-Dimensionen der Sinneseindrücke.

Unter diesen Vorgaben wollen die Werbeleute exakt die richtigen Impulse setzen, wenn sie eine Marke oder eine Kampagne vorbereiten. Und ausmessen, wie dabei die Wirkung im Gehirn ist: ob die Farben passen, die Worte, ob die Rabatt-Codes die positive Stimulanz auslösen oder die Fotomotive die klassischen emotionalen Urtriebe der Menschen auslösen: Sicherheit, Zufriedenheit, Wärme ... Na gut, Psychologen versuchen dasselbe in ihren Gesprächen, doch die neurobiologischen Forscher möchten das Problem am liebsten gleich mal technisch lösen: rein ins Gehirn, raus in die Aktion.

Gespräch ohne Gespräch, Botschaften ohne respektvollen Austausch, Zielerreichen ohne Wertschätzung. ”

Hauptsache schneller Erfolg. Die unmittelbare unterbewusste Beeinflussung der Menschen und Zielgruppen ist der faktisch letzte Schritt hin zu einer Kommunikation, die versucht, lieber durch Manipulation und genetisch geprägte, neurologische Tricks als durch realen Informationsaustausch ans Ziel zu gelangen: Gespräch ohne Gespräch, Botschaften ohne respektvollen Austausch, Zielerreichen ohne Wertschätzung.

Beeinflusse, manipuliere ... die Gegenbewegung: „influence“!

In diesem technisch-digitalen Nirwana hat sich konsequentermaßen eine Gegenbewegung gebildet, die sich das „Beeinflussen“ gleich ganz direkt zum Namensgeber erwählt hat: „Influencer“. Auch hier ist nicht der objektive Informationsaustausch das Ziel, sondern das „Einflussnehmen“: statt durch digitale künstliche Intelligenz oder medizinische „Technik“ durch eine neue Form der „Authentizität“. Ich bin, also erzähle ich euch ...

Zu groß war das Bedürfnis der Konsumenten, der Menschen, nicht mehr über alle Kommunikationswege hinweg technisch und undurchschaubar ausgespielt, ausgetrickst und manipuliert zu werden. Und so hat sich in den letzten Jahren eine ganze Schar an Persönlichkeiten in der digitalen Welt etabliert und durchgesetzt, die vor allem einen Impuls setzen: Wenn du nichts mehr glauben kannst, glaube mir. Ein simples, aber logisches Konstrukt. Bei keiner Information im Web, bei keinem Post in den sozialen Medien, nicht einmal mehr bei den „Informationen" der klassischen Medien konnte man sich scheinbar mehr sicher sein, was Wahrheit ist – und was Manipulation. Also folge ich lieber einem klar sichtbaren Kopf. Einer Person. Einer Meinung.

Viele Millionen „Follower" sind es inzwischen, die sich täglich die Instagram- oder Facebook-Storys und Youtube-Filme dieser neuen Influencer-„Medienmacher" anschauen: immer ganz persönlich „rübergebracht", oft extra unperfekt, Hauptsache glaubwürdig. So werden je nach Profil und Schwerpunkt Kosmetikprodukte, Ernährung, Fitnesstipps, persönliche Eindrücke und Meinungen zu einem alltäglichen Unterhaltungs-Mix zusammengebraut. Von den kleinen Sorgen des Alltags wird da berichtet, von aktuellen Erlebnissen, von Freunden, Einkäufen, Gefühlen. Oder von der Familie, den Kids, Reise- und Lifestyle-Erlebnissen. Und immer kombiniert mit ganz individuellen Einkaufstipps für „Lieblingsprodukte" je nach Stilrichtung und Werbeauftraggeber.

Eine gewaltige Kommunikations-Macht kommt da zusammen bei den Youtubern und Influencern, die von Agenturen betreut

werden, die schon längst zu den großen TV-Networks gehören: Bis zu drei Millionen Leute sind es, die sich die gut vorbereiteten und umgesetzten Geschichten und Filme anschauen. Und „gefällt mir" drücken. Und es sind längst keine unscheinbaren Männer oder Frauen um die Ecke mehr, junge Mädchen oder Jungs, die da so erfolgreich breite Zielgruppen erreichen. Es sind richtige „Front Heads" ihrer eigenen Media-Plattformen – mit Vermarktungs-Managern, Brand-Verantwortlichen und einem ganzen Team, wenn es um die Koordination von Werbemaßnahmen und Produkt-Partnerschaften geht.
Themenvermittlung als subjektive „Berichterstattung". Influencer werden zu Events eingeladen, um zu berichten, bekommen Produkte geschenkt, um sie zu Hause zu testen und zu vermitteln. Sie lassen sich in Hotels einladen, Beauty-Produkte schicken oder Lifestyle-Delikatessen, um dann ihren „Followers" ganz persönlich davon zu berichten, was sie davon halten. Was sie empfehlen, was man wie buchen kann. Journalisten hätten sich früher geschämt, wenn es um einen solchen „Scheckbuch-Journalismus" gegangen wäre, um das Buffet leer zu essen und dann die passende Story dazu zu machen. Aber heutzutage ist diese Form der authentischen Darstellung zu einem wichtigen Kommunikations-Trend geworden.

Zu einem notwendigen Bedürfnis. Denn so „entfremdet" die neutral wirkenden klassischen Medien geworden sind, so wild und wirr die Info-Flut, die aus allen Ecken manipulieren und drangsalieren und austricksen will, um Aufmerksamkeit zu generieren, desto stärker strahlt die Faszination aus, wenn digitale Stars wie Dagi Bee, Lisa und Lena mit über 15 Millionen „Followers", Bibis

BeautyPalace, der nette Julian (Julienco) oder ein Mädchen namens Pia Wurtzbach mit über zehn Millionen Fans ihren lieben Zielgruppen-„Freunden“ von ihren ganz echten, ganz persönlichen Eindrücken, Gefühlen und Empfehlungen berichten. Das persönliche Profil als entscheidender Glaubwürdigkeitsfaktor in Abgrenzung zu den vielen digitalen Algorithmen, zu künstlicher Intelligenz, manipulierten Social Bots oder komplexen Darstellungsversuchen.

Auf allen Kanälen: influence statt informieren

Extremer Persönlichkeitskult im Kontrast zur verlorenen Seele der Kommunikation. Was wird das für die Zukunft der Medien bedeuten, wenn zunehmend ein solcher kommunikativer Subjektivismus jegliche objektiven, fairen, scheinbar unabhängigen, unbestochenen Berichterstattungen lächerlich macht – ebenso wie alle technischen Tricks und Kniffe digitaler Beeinflussung? Oder wenn die klassischen Medien und Kommunikationskanäle auf diesen Zug aufspringen? Die Kommunikation zerfällt in Communitys, in einzelne Zielgruppen-Zirkel, die sich lieber nur noch an einzelnen „Erzählern“ orientieren, egal wie intelligent oder oberflächlich, als sich ein Gesamtbild der Lage zu machen. Die lieber einem „Influencer“ glauben, weil er „echt“ erscheint, lieber sich in ihrer Meinung bestätigen lassen, als sich ein eigenes Bild zu machen. Ein System, das sich selbst zerstört.

Manipulieren, übertölpeln, unterbewusst beeinflussen – mit diesen „Trends" aus dem aktuellen Kommunikations-Universum wird letztlich der Mensch als Person und Rezipient kein bisschen ernst genommen: verdummt, veräppelt, verführt. Wie soll daraus ein ehrlicher, fairer Kommunikationsaustausch werden ...?

KUCK!
KAUF DAS!
LIKE!
LIKE!
KLICK!
FAKENEWS
BLABLA!
ALLES GELOGEN HIER!
KLICK!
KAUF DAS!
LIKE!
LIKE!
LIES!
CORONA LÜGE!!!
VOTE TRUMP!
KLICK!
KLICK

Wohin soll Kommunikation führen, wenn sie vereinfacht? Wenn sie auf verbindende Worte verzichtet und auf komplexere Zusammenhänge?"

Kapitel 5

Emojis & Slogans statt Sprache?

Kommuniziert die Welt bald nur noch mit Visuals und Slogans, um ihre Botschaften und Aussagen zu vermitteln? Schlichte Symbole werden zur neuen „Sprach"-Kultur.

Worte sind Schall und Rauch! Keiner liest sie mehr – oder hört zu und will sie verstehen. In welcher Art von Sprache müssen wir dann kommunizieren? Wie uns verständigen? Eine Gesellschaft braucht eine gemeinsame Austauschebene, aber was passiert, wenn die Kommunikation zerfällt in Tausende Einzelteile, Mikro-Communitys, Worte und Worthülsen ohne gemeinsamen Nenner? Ohne gemeinsames Verständnis? Es passiert, was passieren muss: Die Menschen setzen auf schlichte „Symbole" statt komplexe Zusammenhänge oder Erklärungen: einfach, allseits verstehbar, visuell. Und jeder kann das hineininterpretieren, was er darunter verstehen will.

Sieht oder hört man „Gelbwesten", scheint für jeden scheinbar klar, was gemeint ist. Protest, Unzufriedenheit, Straßenblockaden, Krawall. Aber ist wirklich alles klar? Wofür die „gelben Westen" stehen, was sie ausdrücken sollen, was symbolisieren? Ist es das Volk gegen die Regierung, Arm gegen Reich, Land gegen Stadt, Kommunikation von Leuten, die sich anders nicht mehr einbringen können in der Gesellschaft? Irgendwie und irgendwo in Frankreich? Ist es Randale, Anti-Klimaschutz-Protest oder das Aufbegehren von Leuten, die um ihre Pfründe fürchten?

Die „gelben Westen" sind ein schlichtes Symbol: visuell, klar, ausdrucksstark, sichtbar. Trotzdem kann jeder darunter verstehen, was er darunter verstehen will. Das macht es einfach. Das symbolische Tragen der Autoschutzwesten dient als Mittel zum Zweck: mit einem kurzen, sichtbaren Signal eine Botschaft zu vermitteln. Und jeder glaubt, sie zu verstehen. So funktionieren heutzutage Aussagen, Meinungsbildung – und Themenvermittlung. Symbolische „Bilder" werden zum Vehikel. Inhalte verschwinden dahinter. Auf Facebook und in Whatsapp-Gruppen genügen kurze, schlicht bearbeitete Bilder oder Videos, um Haltung auszudrücken: Anti-Merkel, Ausländerkriminalität, Migranten, Klimaschutz – schon mit einem simplen, symbolhaften Aufschrei- oder „Schau mal-"Foto wird eine Unzahl an Aussagen scheinbar prägnant mittransportiert. Ohne Differenzierung, Klischees nutzend, Platitüden einkalkuliert. Aber jeder „versteht" sofort, was gemeint ist.

Aber funktioniert das wirklich? In der einen wie in der anderen Richtung? Nehmen wir „Greta". Ein Kopf, ein Bild, das – wie Trump und dessen Frisur – längst zu einem Symbol einer Überzeugung geworden ist. Greta steht für das Aufbegehren der jungen Generation gegen die Vernachlässigung des Schutzes unserer Erde für die Zukunft. Greta steht für eine Haltung, einen Aufschrei. Auf der einen Seite. Aber auf der anderen Seite wird ihr Bild genutzt als Symbol für ein missgeleitetes junges Mädchen, das unsere Konsum- und Wohlfühlgesellschaft infrage stellt. Unseren Lifestyle. In Facebook-Posts wird sie denunziert, veralbert, angegriffen.

Klischees, Symbole und Gesichter als klassische Stilmittel

Symbol Greta. Symbol „Gelbwesten". Wohin soll Kommunikation führen, wenn sie vereinfacht? Wenn sie auf verbindende Worte verzichtet und auf komplexere Zusammenhänge? Wenn sie auf visuelle Kurz-Interpretationen setzt statt auf den Diskurs? Schon früher nutzten Politiker, Könige, Diktatoren, die Kunst des Symbolismus. Statuen auf den Stadtplätzen zeugten von der Macht, der Kraft der Herrscher und transportierten die zu vermittelnden Aussagen. Egal ob Lenin oder Mussolini, die Statuen symbolisierten ihre Präsenz. Und ließen den Interpretationen freien Raum, was darunter zu verstehen sei.

Eigentlich ideal. So musste man sich nicht um die Details kümmern. Zu viel Steuern, zu viel Staat, zu viel Krieg? Der Blick des machtvollen, gütigen, zukunftsweisenden Herrschers stand erhaben über solchen „Kleinigkeiten". Symbolhaft „gut" eben. Worte überflüssig. Zwar mag sich in den letzten Jahrzehnten zum Teil eine neue, konstruktivere Debatten- und Politik-Kommunikation durchgesetzt haben. Doch in den letzten Jahren kehrt der schlichte Symbol-Populismus mit Vehemenz zurück: symbolische „Statuen" und Status-Symbole statt komplizierter Diskussionen. Politik und politische Diskussion möchten gern wieder nur auf schlichte Plakat- und Social-Media-Slogans setzen.

„Kante zeigen", wie das dann wohl so schön heißt. Das Problem: Die Slogans haben meist so wenig Aussagen wie die früheren Feldherren-Bronzefiguren auf den Stadtplätzen – und weniger Bildkraft: „Damit Deutschland stark bleibt", „Wir für Deutschland", „Gemeinsam erfolgreich", „Zukunft wagen", „Wir sind vorne" ... Keine Interpretationsmöglichkeit, keine Visionierung. Politik nutzt Sätze als eine Art Zeichen: „Yes we can" war Obamas Leitspruch, der die Menschen erreichte. Wie ein Markenzeichen. Wie eine Botschaft. Demonstrationen und Bewegungen setzen auf die kurzen Sätze: „Gleiches Recht für Tiere" für Tierschutz, „Mia hams satt" für besseres, gesünderes Essen ...

„Mia san mia." Auch der FC Bayern und der Spitzenfußball („Echte Liebe") verwandeln auf diese Weise ihre Fan-Emotionen in passende, prägnante Kurzformeln. Dazu die Gesichter der Stars. Fertig! Und die großen Firmen setzen auf ihre „Marken", schnell wirkende Werbe-Brands über alle Medienkanäle – mit den entsprechenden kurzen Slogans und Visuals zugleich: Ob in TV-Spots oder online mit Banners versuchen sie, knackige Botschaften geschickt und aufmerksamkeitsstark zu inszenieren, um ihre Kunden schnell zu erreichen. Bilder, Bildfolgen, Farben und Musik, die direkt ins Gehirn wirken, Emotionen hervorrufen und Kaufreaktionen auslösen.

Make it short & handsome – Vereinfachung als Lösung?

Schaut so die Zukunft der „Sprache", der Kommunikation aus? Statuen, Skulpturen, Wortmarken – alles Kurzusammenfassungen schwieriger Zusammenhänge. Schlicht nur noch Symbole, laut Wikipedia Kennzeichen und Sinnbilder, die für eine bestimmte Sache stehen – und so die Bedeutung einer Sache vermitteln? Kurz und bündig. Ohne zu große Differenzierung. Müssen wir jetzt alle eine coole Kurz-Marke werden mit unseren Ideen, Aussagen und Meinungen, um überhaupt verstanden zu werden? „Gut rüberzukommen"? Und wie dann einen solchen ausführlicheren Debatten-Text „titulieren". Als Symbol? „Stop Communication!" „Make it short & handsome"? Keep it simple!

Die Kunst ist in Richtung „Symbole" schon lange auf dem passenden Weg. Künstler haben seit jeher eine Meisterschaft darin entwickelt, Botschaften „symbolhaft" kurz zu vermitteln. Durch Farben, durch Formen, durch „Zeichen". Die kirchlichen Symbole prägten Generationen über Jahrhunderte. In Gemälden, als Skulpturen – jedes Zeichen hatte seine Bedeutung, seine religiöse und mahnerische Aussage, seine „Vision". Moderne Künstler haben das wieder aufgegriffen. Andy Warhol nutzte seine Pop-Art-Tomatendosen und Beuys Filzhüte, Objekte, Rauminstallationen, „Multiples" bis zu Badewannen – und Aktionen mit „Symbolcharakter": allesamt Energieträger, wie er das nannte. Und die Streetart-/Graffiti-Künstler setzen seit Jahren auf ihre „tacks" – ihre gesprühten Botschaften auf Hauswänden, Brücken und Zügen.

Hat Kunst eine Chance als Vermittler komplexer Themen?

Niclas Castello, deutscher Künstler und einer der bestbezahlten Kunststars der Welt, startete seine Erfolgstour unter anderem mit seinen berühmten Lippenskulpturen: „Kisses", große sinnliche, sinnhafte Lippen als Ausdruck von Hedonismus und Lebenslust, meist voll in Rot, die nicht nur in Museen, sondern auch vor Clubs und Restaurants als Kunst-„Symbole" erfolgreich ihren Platz fanden. Castello plante – konsequent – sogar eine Version davon aus purem Gold. Er verkaufte in Hollywoods „In"-Boutiquen und Galerien eigens designte Feuerlöscher mit Chanel- und Hermès-Logo. Und er „zerknüllt" aktuell seine gemalten Leinwände und setzt sie als solche dann hinter Plexiglas – wie dreidimensionale Kunst-Schaufenster-Skulpturen.

Kunst, keine Frage, ist ideal, um in der heutigen Zeit sichtbar aufzufallen, etwas zu vermitteln. Auch wenn es politische Zeichen sind. Eines der erfolgreichsten Kunstwerke der letzten Documenta in Kassel war der Obelisk des nigerianisch-amerikanischen Künstlers Olu Oguibe. Das 16 Meter hohe „Flüchtlings-Denkmal" auf dem Königsplatz von Kassel kam bei den Documenta-Besuchern an und wurde zu ihrem Lieblingswerk gewählt. Doch die symbolhaften Aussagen waren nicht „neutral" genug: zu viel Aussage, zu viel Thema. Und so schafften es die Verschlingungen der Stadtpolitik, dass das Documenta-Kunstwerk urplötzlich wieder abgebaut werden musste – wegen „Störung".

Insofern scheinen auch der Kunst Grenzen gesetzt, um mit ihren bildhaften Symbolen Sprache, Botschaften und Aussagen populär zu machen, zu verfestigen, zu visualisieren – und zu transportieren: Verantwortung, wichtige gesellschaftliche Trends und Meinungen in knapper, verstehbarer Form für breite Zielgruppen sichtbar zu machen, Politik. Gesellschaft und Diskussion wieder zu „symbolisieren“, zu verbildlichen.

Emotionsvermittlung mit der neuen Weltsprache: Emojis?

Was bleibt uns also noch? Sind wir wirklich am Schluss nur noch auf die neue „künstlerische“ Zeichensprache angewiesen: die von Computer-Nerds erfundenen „Emoticons“ 😊, die von Apple 2011 eingeführten Emojis, Bildsprachzeichen, die bestenfalls alle Menschen in gleicher Form gleich verstehen? Herzen

> **Sind wir wirklich am Schluss nur noch auf die neue „künstlerische“ Zeichensprache angewiesen: die von Computer-Nerds erfundenen „Emoticons“? 😊 ”**

und Männchen, Frauen und Früchte, Tiere und Affen, Blumen und Sonnen, Smileys und Flaggen. „Weltsprache Emojis" titelte die *Süddeutsche Zeitung* im Sommer. Eine neue visualisierende „Zeichensprache", die – ausgewählt durch ein Komitee in Kalifornien –von der ganzen Welt weitgehend „gleich" verstanden wird. Unsere digitale Welt, die sich verkürzt auf „gefällt mir"/„gefällt mir nicht" – und Bildchen. Kurz und knapp und bündig.

Besser ist es, wir nehmen den „Trend" zu Symbolen in die eigene Hand. Wir bringen den neuen Kommunikations-„Symbolismus" als notwendigen Katalysator komplizierter Dinge, Diskussionen, Debatten oder Erklärungen symbolisch auf den Punkt – mit Köpfchen, mit besonderen Aktionen, Ideen, Visionen, die Aufmerksamkeit schaffen, auffallen und im Gedächtnis bleiben.

Kreativität ist gefragt – mit Kompetenz: positiv Zeichen setzen eben. Kunst ist da einer der Vorreiter, um zu zeigen, wie es geht, Dinge auszudrücken, zu visualisieren. In einem Blick bestenfalls. Aber auch in Politik, Marketing und Medien wird es immer mehr darauf ankommen, ein klares Bild zu zeichnen. Einfach, verstehbar, bildhaft, aber fundiert. Zwar kann jeder dennoch weiterhin genau das hineininterpretieren, was er verstehen will. Dennoch werden „Signs" – Symbole zu einer Art neuen vermittelnden „Sprach"-Kultur.

F***K
!!!

Kommunikativ haben wir uns am liebsten aus allem herausgehalten. Wir haben uns informiert, das ja, aber wir haben keine Meinungen unse- rerseits weitergegeben. Was bringt das schon?"

Kapitel 6

Gutbürger – werdet „Mutbürger“!

Raus aus der Opferrolle, höchste Zeit zum Handeln.
Höchste Zeit zum Mitreden!

Lange Zeit haben wir uns lässig entspannt zurückgehalten: Engagement, eigene Meinungen, laute Diskussionen, echter Streit – all das haben wir „den anderen“ überlassen. „Es wird schon alles geregelt sein.“ „Es gibt ja genug vernünftige Menschen.“ „Es läuft doch alles ganz gut.“ Und plötzlichen merken wir: Es gibt Zeitgenossen, die mit skurriler Emotion, deplatzierten Demos, abartigen Facebook-Posts, Lügen, Denunziation, Hass und Wut Politik machen – und populistisch die Welt verändern. Wollen wir das zulassen? Nein. Wir dürfen die gesellschaftliche Emotionalität und Kommunikation nicht preisgeben. Unser Motto: Gutbürger werden Mutbürger! Beteiligt euch an der Kommunikation.

Könnt ihr euch noch erinnern, als viele von uns früher auf die Straße gingen bei den Friedensdemos, wo wir engagiert und mit viel Idealismus großen Zielen und Ideen hinterhergelaufen sind? Laut, mit Trillerpfeifen, Spruchbändern, Geschrei – und einer gehörigen Portion Power im Bauch. Millionenfach. Als wir uns politisch engagiert haben, weil wir uns nicht sicher waren, ob unsere Zukunft tatsächlich sicher auf ihren Beinen steht, ob es ein Atomkrieg auf Basis des Kalten Kriegs gibt, ob die Welt im Chaos versinkt, ob die Erde den Prognosen des „Club of Rome“ entsprechend bald am Ende ist. Wir hatten Ideale – und die Politik schien sie nicht zu haben.

Dafür war es wert zu kämpfen. Nicht immer nur mit Fingerspitzengefühl und sensiblen Argumenten, sondern mit voller Power. Mit Überzeugung. Mit innerer Berufung und dem Herzen folgend. Vielleicht war es keine „Wut“, eher Angst, Unsicherheit, Misstrauen. Aber es war Ernst, es war kompromisslos – und es war hochgradig emotional. Die 68er-Studentenunruhen hatten die bürgerliche Fassade angestoßen, bis hin zum Straßen- und Kulturkampf.

Die nächste Generation hat die Strukturen innerhalb ihrer selbst verändert, sich engagiert, ist zu Friedensdemos gefahren, hat Menschenketten gebildet, Lichter angezündet, friedlichen Widerstand geleistet und so letztlich Politik positiv umgebaut, quasi „gut“ gemacht. Willy Brandt hat uns dann ans Ziel geführt, mit Reformen, Gesten und Versöhnungen. Wir wurden verstanden, Emotionalität war Teil der Politik. Wirkung erzielt: alles gut?

Dann kam die Zeit der Rationalisten

Mit dem Hamburger Helmut Schmidt begann die Ära der „Sachentscheider“. Der kühlen, sachorientierten „Macher“, die auf Basis der Lage und Notwendigkeiten ihre Politik gestalten. Die sich nicht von Gefühlen leiten lassen, sondern von der Analyse: Europa als gut organisierte und verwaltete Staatengemeinschaft, Zukunftsplanung als vorgegebener Prozess. Selbst Gerhard Schröder folgte dem Diktum unabdingbarer Entscheidungen. Keine Frage: Diese von Angela Merkel noch auf die Spitze getriebene Ratio-Politik hat uns lange Zeit scheinbar gut geleitet: klare Strukturen, eindeutige Denkmuster – analytisch, sezierend, argumentierend.

Wir selbst haben uns dabei entspannt zurückgelehnt. Nur ein bisschen diskutiert, ein bisschen Meinung ausgetauscht, wir sind zum Wählen gegangen – manchmal auch nicht. Wir haben unseren Kindern beigebracht, dass es wichtig ist, gut gebildet Karriere zu machen, aber auch das Leben zu genießen. Wir waren der Meinung, die Politik folgt den Aufgaben, die Aufgaben werden gelöst. Und ab und an reden wir ein bisschen mit, wenn es um einzelne Detailfragen geht. Wir waren gute Bürger, „Gutbürger“. Was sollen wir uns also aufregen?

Kommunikativ haben wir uns am liebsten aus allem herausgehalten. Wir haben uns informiert, das ja, aber wir haben keine Meinungen unsererseits weitergegeben. Was bringt das schon? Für was? Läuft doch alles. Politische Diskussionen oder gesellschaftliche Themen haben wir durch Nebensächlichkeiten ersetzt. Vielleicht einmal einen Facebook-Post unterstützt, der eine kleine Meinung aufzeigt. Wir haben uns in Öffentlichkeit oder Freundeskreis lieber zurückgehalten. Wir waren mit dem Idyll des Zurückgezogenseins zufrieden. Wir wollten Kommunikation lieber als kleines Gespräch unter Freunden erleben, ohne große Diskussionen oder Dispute, als freundliches Scharmützel in einer Welt, die ungeachtet des wachsenden Chaos überall in sich friedlich schien.

Auf dem falschen Fuß erwischt

Aber plötzlich kam es anders: Da gab es auf einmal eine Pegida im Osten, die mit Trillerpfeifen, Spruchbändern und Geschrei auf die Straße ging. Und Kräfte, die so mit lauten Parolen und Populismus immer wieder große Demos veranstalteten. Menschen, die mit Wut, auch Aggression, und offensichtlich uns fremden Meinungsbildern losmarschierten, sich engagierten und mit selbstempfundenem Idealismus ihren Zielen und Ideen hinterherliefen. Es gibt Le Pen in Frankreich, Wilders in den Niederlanden, den Brexit in Großbritannien. Lauter Strömungen und Entscheidungen, die mit der Lageanalyse und kühlen Sachpolitik nicht mehr viel gemein zu haben scheinen. Trump in den USA setzt auf pure Emotion statt Argumentation: emotionale Aussagen stehen über den Fakten – und setzen sich durch. Und wir wunderten uns nur: Wie kann man nur so einseitig in der Politik auftreten, wie kann man solche nationalistisch-unausgewogenen Meinungen haben? So komisch „populistisch“? Wie kann man so etwas glauben? Das wird sich sicher wieder wie von selbst erledi-

gen, weil sich die Wahrheit durchsetzen wird.
Es gab und gibt zunehmend gesellschaftliche Großereignisse wie den Klimawandel oder zu guter Letzt ein Virus, das die Welt veränderte. Und wir? Wir waren es gewohnt, zurückhaltend zu agieren, nichts zu sagen, zuzuhören, statt zu agieren. Auf einmal schauten wir dumm aus der Wäsche. Wir verstanden alles nicht so recht. Klima-Aktivisten wie „Fridays for Future“, kompletter „Lockdown“ für unsere Gesellschaft, wilde Verschwörungsfantasien im Internet und von „Freunden“ auf Facebook – und wir ruhig, zurückhaltend und still daheim? Ohne Worte, ohne Aussagen, ohne Engagement?

Zurücklehnen – oder zurückschreien?

Vielleicht hatten wir lange die Hoffnung: Alles Schlechte wird sicher wieder vorbeigehen, das kann sich letztlich nicht durchsetzen. Und alles Gute wird von allein sich zurechtbiegen. Aber jetzt merken wir: Es geht nicht! Wollen wir das Feld politischer Emotionalität und Haltung wirklich „den anderen“ überlassen? Wollen wir verrückte Meinungen, Haltungen und diskreditierende „Kommunikationen“ und Statements einfach dulden, tolerieren, oder quasi übersehen? Wo wir doch früher teilweise selbst mal voll emotional, überzeugt und engagiert auf die Straße gegangen sind, um eine Welt zu erkämpfen, die sich an unseren Werten, an den „guten“ Werten orientiert. Wollen wir uns mit unseren eigenen Waffen von damals schlagen lassen?

Offenbar nein! Es scheint, als bleibe uns nichts anderes übrig: Wir müssen zurück zu unseren Wurzeln, weil wir uns nicht sicher sein können, was wir schon damals anzweifelten: „ob unsere Zukunft tatsächlich weiterhin sicher auf ihren Beinen steht“. Und wir müssen das nicht nur mit dem Kopf machen, sondern mit dem Herzen, mit Einsatzwillen kämpfen. „Gut“ sein allein genügt wohl nicht. Hoffen auch nicht!

Vermutlich erfordert es weit mehr emotionalen Einsatz, als wir bisher dachten. Vermutlich braucht es sogar eine Form von Wut. Eine neue, eine positive Wut: angetrieben von dem Willen, den anderen Einhalt zu gebieten, für die damals erkämpften Werte einzustehen, nicht nachzugeben. Und um dem aggressiven Meinungs-„Populismus“ ein klares Stopp-Zeichen entgegenzusetzen. Politiker wie Martin Schulz versuchen schon ein Stück, den guten Bürger wieder mit Emotion zu vereinen. Oder Emmanuel Macron in Frankreich. Es ist ein Versuch mit offenem Ausgang. Weil manch „andere“ radikal sind, ungestüm, undifferenziert.

Deshalb bleibt letztlich nur ein Weg: Wir dürfen die Kommunikation als Feld nicht preisgeben, vor allem aber nicht die kommunikative Emotionalität. Wir müssen unsere Meinung „hinaussprechen“, hinausschreien vielleicht sogar manchmal, in jedem Fall kundtun, aussprechen, mitteilen. Wir müssen zu Handelnden in Diskussionen, Auftritten und Positionen werden, die aktiv kommunizieren. Wir müssen uns zu unserer Haltung bekennen – in unserer Art und Weise: Gutbürger werden aktive Mutbürger! Und die Losung lautet: Bezieht Stellung, kommuniziert eure Meinung. Sprecht mit!

Jeder muss deshalb seine eigenen, echten „Zeichen setzen“ – für sich und seine Persönlichkeit: Haltung und Orientierung bieten in einem Meer an Inhalten. ”

Kapitel 7

Das neue Credo

Moderne Kommunikation und Interaktion braucht klare Zeichen! Und einen neuen Pakt: miteinander sprechen statt übereinander! Im Dialog!

Durcheinander, gegeneinander, übereinander. So wirr und wild, wie sich die Kommunikation in den letzten Jahren entwickelt hat, so verquer die einzelnen Info-Stränge und Medien immer mehr in ein undurchschaubares Info-Chaos gerutscht sind, so dringend braucht es eine neue Kommunikationsvereinbarung: miteinander sprechen, füreinander, auf Augenhöhe kommunizieren. Dazu bedarf es vor allem eines: des Wiedererstarkens der echten, klassischen Kommunikationswerte: Glaubwürdigkeit, Authentizität, Transparenz – und Offenheit. Mit anderen Worten: Es braucht einen neuen kommunikativen Pakt: Credo – den neuen Konsens über Ziele, Visionen und Werte! Und der kommt nicht „von oben", sondern von uns selbst. Gemeinsam!

Die neue (Kommunikations-)Kultur.

Das kommunikative Erfolgsmotto lautet: Lieber selbst bestimmen, als eingeordnet werden, gerastert, erfasst. So ist das im Leben – und so ist das auch in der Kommunikation. Moderne Kommunikation – egal ob von Personen oder Unternehmen – kann in Zukunft gar nicht mehr ohne authentische Aussagen und glaubwürdige Persönlichkeiten auskommen. Man glaubt nur jemandem, der „echt“ wirkt und „echt“ rüberkommt. Man kann überhaupt nur jemanden verstehen, dessen Aussagen mit seiner Persönlichkeit übereinstimmen.

Jeder muss deshalb seine eigenen, echten „Zeichen setzen“ – für sich und seine Persönlichkeit: Haltung und Orientierung bieten in einem Meer an Inhalten. Dies ist die Aufgabe, die es anzupacken gilt: als Firma, als Medienmacher, als Mensch. Die Aufgabe lautet: positiv auffallen – und durch ein klares Profil und deutliche Charaktermerkmale in den Untiefen an Infos, Kanälen und Daten relevant „Charakter“ zu zeigen.

Gehört und verstanden wird in Zukunft nur noch derjenige werden, der glaubwürdig, ehrlich und mit klarem Profil seine Position darstellt. Das ist der entscheidende Schlüssel, um sich gegen den Verlust an kommunikativer Selbstbestimmung und die komplette Info-Überflutung zu schützen. Und um sich mit seinen Mitmenschen, Partnern und Zielgruppen verständigen zu können – in einer gemeinsamen, verantwortungsvollen und werthaltigen Sprache.

„Vision“ statt Wischen

Vision statt „wisch & weg“. Gegen die „Ver-Tinder-isierung“ des Augenblicks steht die nachhaltig wirkende Verbindlichkeit. Eine ineinandergreifende Verkettung sinnvoller „Gefällt mir“-Erlebnisse, die „strategisch“ aufeinander aufbauen, sich ergänzen – und sich dadurch zu noch mehr positivem „Gefallen“ steigern. Wo das Potenzial da ist, dass sich Ideen entwickeln, positive Inspirationen verstärken, wo auch der zweite Blick eine Chance hat und positive Genussmomente kulmulieren, weil sie sich von den vorhergegangenen nähren – und dadurch noch mehr Tiefgang und Wertigkeit gewinnen.

„Momente“ sind dann Bausteine auf dem Weg zu einem guten Karma. Zu einer Lebensvision, einer Gesellschafts- und Zukunftsvision. Erst wenn sie sich richtig, miteinander verbunden, zusammensetzen, werden sie zu einer verbindlichen Glücksformel. Zu einem Glück, das auch ein Morgen hat – nicht nur ein Heute. „Schaun wir mal“, ob's klappt: vielleicht! „Momente“ sind dann Kommunikations-Bausteine, die uns den Austausch mit unseren Mitmenschen ermöglichen, weil wir greifbar werden und verstehbar mit unserer Meinung. Und weil die anderen erkennen, wofür wir stehen.

Die Wiederentdeckung des Seins

Wie soll das gehen? Wir müssen es schaffen, uns wieder auf Fundamente und gemeinsame „Zeichen“ zu verständigen. Wir müssen bei

Null anfangen. Beim Nullpunkt. Die Augen schließen und uns der Dinge besinnen, die uns wirklich wichtig sind. Wir müssen wissen, auf was es uns ankommt. Ganz persönlich. Und als Gesellschafft!

Gibt es unsere eigenen, gibt es einheitliche Wahrheiten? Gibt es gemeinsame Ziele, Träume, Visionen? Auf welche Sicht der „Fakten“ können wir uns einigen? Wie über das Gleiche sprechen? Wir brauchen ein neues „Credo“, einen neuen Kommunikationspakt: miteinander, nicht „von oben“. Er kann nur auf Werten beruhen wie Respekt, Achtung, Ehrlichkeit, Zuhören ... Und uns dem großen menschlichen Gemeinsam-„Sein“ ein bisschen näherbringen. Vielleicht haben wir dann noch eine Chance. Auf was kommt es uns also an, welche Punkte sind wichtig?

1. *Wir brauchen für uns selbst eine Haltung und Position*
2. *Wir brauchen zusammen Werte, über die wir uns einig sind*
3. *Jeder muss Zeichen setzen – klare „Signs“ mit Aussage geben*
4. *Jeder muss Verständnis und Empathie für das Gegenüber aufbringen*

1. Nur wenn ich Haltung zeige, habe ich eine Chance auf Erfolg, gehört zu werden! Und nur dann komme ich an: bei mir, bei den anderen, bei meinen Zielen. Das persönliche Selbstbewusstsein und das eigene Leben, die Träume, Wünsche und die Wirklichkeit, sie alle finden dann vielleicht wieder eine kommunikative Ausdrucksform. Dann passen die Details endlich zusammen und ergeben ein Erfolgsrezept, das sich gewaschen hat. Denn mittels dieser Symbiose aus Selbstverständnis und Selbsteinschätzung entsteht eine Power, die ohne falsche Scheu eine Menge Energie ausstrahlt. Fasziniert, fesselt. Überzeugt.

Insofern wird sich dringend viel ändern müssen. Wo lange Zeit auf fremde Vorgaben und „Nutzungsregeln“ oder Geschäftsbedingungen gesetzt wurde, die es einzuhalten galt, gelten offensichtlich nun andere Regeln. Neue Regeln. Oft auch selbst geschaffene Regeln. Mit anderen Worten: eigene Regeln.

2. Nur wenn ich Werte habe, kann ich mich mit anderen darüber austauschen. Wir müssen wieder uns besinnen, was unsere Werte sind, die wir erwarten und selbst brauchen Jeder muss seine Werte einbringen. Und wir müssen davon ausgehen, dass wir alle ein paar einigende Grundwerte haben: sich fair und positiv zu begegnen, auszutauschen, zu diskutieren.

3. Wir müssen bereit sein, jeder von uns, klar und deutlich selbst zu kommunizieren. Nicht den Kopf wegstecken und Ruhe geben. All die Mahnungen mit Anweisungen, all die Fachratgeber mit Lösungsformeln oder irgendwelche Psychoratgeber mit Verhaltensmaßnahmen – weg damit. „Digital Detox“ als Wegschalt-Modus wird schleunigst entsorgt. Wir fangen an, wie ein Profi, unser eigenes Profil zu entwickeln – und damit nach außen in Kommunikation zu treten. Wir setzen unsere eigenen, ganz persönlichen Zeichen, unsere eigenen „Signs“.

4. Und wir zeigen Respekt, Empathie und Verständnis unseren Gesprächspartnern und Mitmenschen gegenüber. Wir gehen davon aus, dass es jeder grundsätzlich in unserer aller Sinne „gut“ meint – auch wenn er anderer Meinung ist. Das müssen wir als Minimum erwarten können! Wer das nicht tut, hält sich nicht an den Pakt und wird ausgeschlossen.

Auf diesem Weg kommen wir zu einer, zu unserer persönlichen, klaren Kommunikations-Marke: Wir zeigen unser individuelles, authentisches Profil, wir positionieren uns eindeutig, ehrlich und transparent. Wir messen unsere Kommunikation und unseren Kommunikationsbedarf an unseren eigenen Wertmaßstäben. Und wir sind bereit, genau das auch unseren Mitmenschen als Basis, als Grundmaßstab und Ausgangspunkt anzuerkennen. Dann stehen uns alle Türen offen. Wir werden verstanden. Und wir werden verstehen.

Notwendig: inhaltlich klares Profil zeigen

Auch für die Profis, für Medienmacher und Kommunikatoren, haben die neuen Erfordernisse an klare Werte große Auswirkungen: „Credo" über alles. Keiner sollte sich mehr auf sogenannte „Trends", schnelle „Tools" und Prognosen einlassen. Denn bei genauerem Hinschauen drehen sich viele diese Entwicklungen meist ausschließlich um oberflächliche „Kanäle", Kommunikationswege, um Handlung und Form. Und kein bisschen um den Inhalt. Und dabei kommt es gerade auf den entscheidend an.

Wenn wir als „Zielgruppen" erwachsen werden, und selbstbewusst, dann bedeutet das auch für die beruflichen „Kommunikatoren", sich dringend fit für die Zukunft zu machen, um das Vakuum kommunikativer Hilflosigkeit und kontinuierlicher Überforderung zu überwinden. Und sich umzustellen!
Denn wenn Profis, Medienmacher oder Firmen- und Marketingleute zukünftig mit uns richtig kommunizieren wollen, müssen

sie sich genau auf diese neuen Gegebenheiten einstellen: Nur noch mit einer neuen, klar fokussierten Haltung und Perspektive auf unsere Interessen hin wird es funktionieren, unsere Aufmerksamkeit generieren. Wir wollen Quelle, Inhalt und Aussage verstehen können. Das einzig adäquate Mittel dazu: maßgeschneiderte, kundenorientierte, kompetente Ansprache. Das Erfolgsmotto lautet: Auf uns, auf die Menschen, auf die Zielgruppen zugehen, auf unsere Interessen eingehen, uns relevante Inhalte präsentieren – echte Storys, die wirklich interessant sind.
Nur so schafft man Aufmerksamkeit. Es ist ein enorm wichtiger Perspektivwechsel in der Kommunikation oder in Unternehmen. Weg von der althergebrachten „Propaganda"-, PR- und Verlautbarungsmaschinerie aus Eigensicht hin zur Nutzerperspektive, Lösungsorientierung und Zielgruppen-Relevanz. Selbst Google, der einstige Suchmaschinen-„Feind", den man anno dazumal auszutricksen hoffte mit Keywords und allerlei Algorithmen-Zeugs, hat sich auf die Seite von uns Nutzern geschlagen: Google verlangt längst zur Verbesserung der Suchfunktion eine klare relevante inhaltliche Ausrichtung auf die (Such-)Interessen der User, eine regelmäßige Aktualisierung, neue Themen und ein klares inhaltliches Fundament. Moderne Kommunikation heißt: Kommunikation auf Augenhöhe

Keine Frage: Gehört und verstanden wird in Zukunft nur noch derjenige werden, der interessant, kompetent und fundiert und mit klarem Profil seine Position darstellt. Das ist der entscheidende Schlüssel, um sich als Unternehmen in Kommunikation und Marketing gegen den Verlust an kommunikativer Präsenz und die komplette Abschottung von uns Kunden zu wappnen. Und

Gehört und verstanden wird in Zukunft nur noch derjenige werden, der interessant, kompetent und fundiert und mit klarem Profil seine Position darstellt. "

um sich mit allen, Mitarbeitern, Partnern und Zielgruppen verständigen zu können – in einer gemeinsamen, verantwortungsvollen und werthaltigen Sprache. Und das ist auch der Schlüssel für jeden von uns.

Denn darum geht es: eine glaubwürdige, ehrliche, klar definierte Haltung zu finden und zugleich Orientierung zu bieten in einem Meer an Inhalten. Dies ist die Aufgabe, die es anzupacken gilt: als Firma, als Medienmacher, als Mensch. Die Aufgabe lautet: positiv auffallen – und durch ein klares Profil und erkennbare, authentische „Werte" in den Untiefen an Infos, Kanälen und Daten relevant „Charakter" zu zeigen.

Wenn man sich – ganz klassisch – um Inhalte bemüht, um die Menschen auf Augenhöhe anzusprechen und ihre Bereitschaft zu fördern, sich mit den relevanten Themen und Botschaften auseinanderzusetzen, findet man einen wertigen Zugang zu ihnen.

Schließlich steckt die ganze Welt, ob Unternehmen, Marken, Vereine, Gesellschaft, Menschen, voller spannender, interessanter Geschichten. Jeder von uns ist ein ganzes Reservoir an spannenden Inhalten, Storys und Erlebnissen, Erfahrungen, Hintergründen. Diese Geschichten müssen nur richtig aufbereitet werden, zugeschnitten auf die Bedürfnisse der Gesprächspartner, der Zielgruppen, maßgeschneidert, angepasst. Nicht die Botschaft ist das Entscheidende, sondern die Erzählsituation auf Augenhöhe: Business-Leute oder Familie, Freunde, Kollegen. Und da gibt es dann unzählige Themenwelten zu erschließen, relevant und kompetent zu erzählen – und sie dann über alle Kanäle richtig auszuspielen.
Es ist der zentrale Schritt zum Umdenken – „Umdenken im Kopf": Man muss sich exakt vorstellen und erarbeiten, was die Menschen, unsere Gesprächspartner, wirklich interessiert. Was ihnen nützt, ihnen weiterhilft und bei ihren Fragen eine konkrete (inhaltliche) Lösung bietet – das gilt für Unternehmen und deren Marketing ebenso wie für unser gaz privates Kommunizieren: unsere Themen herausarbeiten und so aktuell und zielführend einen Gesprächsfluss und Infoaustausch im passenden Umfeld initiieren! Es geht um eine Art redaktionelles Storytelling, also das „Publikmachen" von Themen und Inhalten in den jeweiligen Medienkanälen und Touchpoints.

Ausweg aus der Glaubwürdigkeitskrise

Miteinander sprechen, füreinander, auf Augenhöhe kommunizieren.
Eine solche „neue Kommunikation" bedeutet also in gar keinem Fall, sich nur mal schnell einen neuen Trick inmitten einer globalen, digitalen, multimedialen Welt auszudenken, um sich bei unseren Mitmenschen, Kunden, Geschäftspartnern oder Freunden heranzuschleichen und möglichst raffiniert in ihr Bewusstsein einzudringen: sei es mit Neuromarketing-Tricks oder mit digital generierten Angeboten und Inhalten. Es würde die notwendige neue Glaubwürdigkeit und neue Kommunikationsausrichtung völlig zerstören, wenn man mit KI und Bots versucht, optimierten „angepassten" Content per Algorithmus zu (re-)produzieren und auszuspielen.

Wer es stattdessen ernst meint – und auch ein wenig langfristig denkt, braucht die kommunikativen Werte. Und die kann nur eine moderne, von echten Inhalten, Aussagen und Positionen getriebene Kommunikation bieten: modernes Storytelling von jedem von uns. Damit wir uns nicht abschalten und komplett weg-„zoomen", sondern zuhören, wenn jemand uns etwas erzählen möchte: interessiert, aufmerksam und offen.

Mit anderen Worten: Es braucht einen neuen Pakt über unsere Kommunikationszukunft: Credo – ich glaube! Und ich kann glauben.

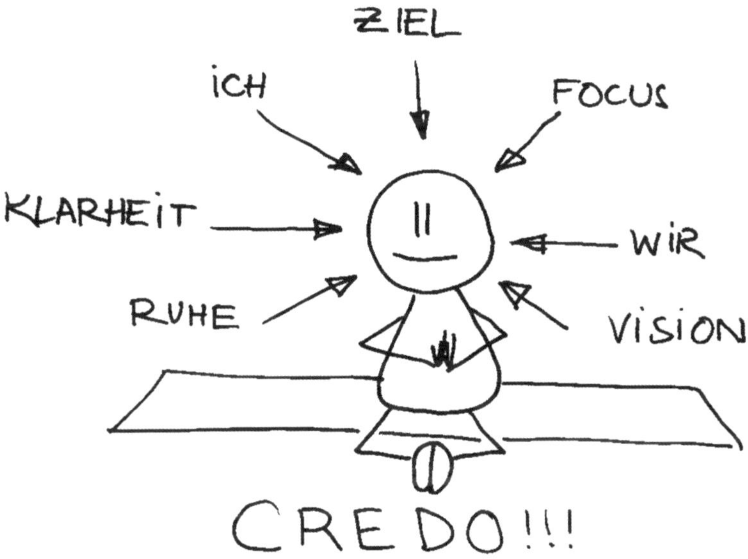
ZIEL
ICH
FOCUS
KLARHEIT
WIR
RUHE
VISION
CREDO!!!

Es gibt keine einfachen Antworten auf komplex-komplizierte Notwendigkeiten.”

Kapitel 8

Zeitalter der Kooperationen

Miteinander statt nebeneinander: Das neue Zauberwort heißt Kooperationen!

Handelskriege, Abschottung, Mauern, „America first"! Jeder schaut auf sich, jeder gegen jeden. Doch auch wenn es sich nach dem Gegenteil anfühlt: Das Zeitalter der Kooperationen hat längst begonnen – zusammen statt gegeneinander! Entgegen den laut wirkenden populistischen Postulaten aus der Politik hat sich dahinter „im Stillen" längst bei Unternehmen, Forschung, in Kommunikation und Marketing die Erkenntnis durchgesetzt, dass in einer komplexen Welt der Einzelkämpfer aufgeschmissen ist: Kooperativ denken und handeln ist das neue Motto.

Früher schien alles ganz einfach: verdrängen, gewinnen, überleben. „Jeder ist sich selbst der Nächste". So schienen sowohl Weltwirtschaftkonzepte wie große Kommunikationsstrategien der großen Industrie- und Markenunternehmen zu funktionieren. So schien es in Forschung und Politik zu laufen: Nur der Schnellste gewinnt, nur der Raffinierteste. Als Jahrzehnt des „Copy"-smus wurde der Trend beschrieben: Angeblich kopierten chinesische und aufstrebende Unternehmen egal wo einfach fremde Ideen, Produkte und Entwicklungen – und machten das Gleiche blitzschnell für sich allein. Ob bei Lifestyle, kreativen Impulsen von Mode, Architektur, Kommunikation bis Design, bei Kunst oder technischen Innovationen, jeder hatte das Gefühl, die Umsetzung wie Durchführung selbst für sich am besten zu können. Hauptsache, das Geschäft stimmt.

Einfach denken, einfach handeln: Unter dieser Prämisse wirkte die Zukunft ganz simpel. Mit genug eigener Power sind alle Probleme zu lösen, alle Herausforderungen zu meistern. Das galt bei Unternehmen genauso wie im Privatleben. Das „Chuck-Norris"-Lebensprinzip wirkte wie der Weisheit letzter Schluss. Mann ist Mann, Frau ist Frau, jeder packt sein Leben an –und keiner gibt zu, nicht alles allein zu können. Single-Sein wird ebenso zum Ego-Shooter-Prinzip wie der Mythos der autarken Familie: Job, Kinder großziehen! Das „Ich mache das selbst – ich bin nicht angewiesen" als Sinnbild scheinbar unantastbarer Selbstbestimmung. Gut ist nur, wer sich selbst allein im Griff hat.

Der Ego-Shooter hat ausgedient

Leider hat sich die Wirklichkeit als weitaus komplexer erwiesen als derartige Mythen. Im Privaten wie draußen in der Welt. Als Erstes kamen die Forscher zur Erkenntnis, dass Wissen zu teilen wichtiger ist als „Wissen ist Macht". Nicht jedes Labor kann alle Einzelteile für sich allein entwickeln und zusammenfügen. Erst durch das Zusammenspiel entsteht die eigentliche Idee. Der Fortschritt. Interdisziplinär, international, multimethodisch. In der Medizin, der Wissenschaft, an Universitäten und Instituten – überall wirken Teams zusammen, um die Schlagkraft zu erhöhen, die einzelnen Fachpositionen fügen sich zusammen, die neue Richtung entsteht. Letztlich die Lösung.

Jetzt sind die großen Firmen aufgesprungen. Viel zu vielschichtig die Aufgaben, um die Zukunft zu bewältigen, als dass es jeder für sich selbst stemmen kann. „Autonomes Fahren", die neuen Herausforderungen der Mobilität, Energiewandel, Digitalisierung, Kommunikation der Zukunft. Hier sind die Veränderungen so gewaltig, dass nur durch ein Zusammenwirken der Kräfte die notwendige neue Richtung geschafft werden kann. Konzerne wie BMW und Daimler bündeln und koordinieren plötzlich ihre Aktivitäten. Chinesische und deutsche Unternehmen schließen sich zusammen: Allianzen entstehen, global vernetzt agieren, sich austauschen. Samsung und Apple kooperieren mehr, als sie öffentlich aufzeigen. Multilateral. Es gibt keine einfachen Antworten auf komplex-komplizierte Notwendigkeiten.

Auch in der Kommunikation und im Marketing haben sich neue Begriffe festgesetzt: „Ingredients Marketing", „Cooperation Marketing": zusammen die Stärken bündeln für ein gemeinsames, größeres Ziel. Jeder gibt seinen Teil zum Ganzen dazu, seine Ingredients, seine Bestandteile zum Erreichen der (Werbe-)Ziele, die jeder für sich kaum noch bewältigen kann: Aufmerksamkeit erreichen, Sinnhaftigkeit vermitteln, digitale Herausforderungen meistern. Da heißt auch im Marketing und für wirksame Werbekampagnen immer öfter das neue Motto: zusammenwirken statt gegeneinander agieren, Budgets bündeln. Wer früher bestenfalls einmal mit ein paar Partnern eine gemeinsame Promotion umgesetzt hat oder ein Projekt gesponsert, setzt jetzt auf „ kooperatives Marketing": jeder mit seinen Stärken – für gemeinsame Ziele und abgestimmte Kampagnen.

Komplexität macht Angst, schafft aber Potenziale

In der Politik muss sich der Multilateralismus als das Zusammenwirken der Kräfte erst wieder neu behaupten. Denn die globalen Absprachen wirken so schrecklich unbeweglich, so ineffizient: UNO, G7, G12, G 30. Aber auf der anderen Seite sind die zu bewältigenden Aufgaben viel zu groß für einsame Lösungen: Klimawandel, Erderwärmung, Armut, Weltbevölkerung, Hunger, Kriege, Handelskonflikte. Über Gremien, Fachleute, Konferenzen, mühsame Abstimmungen wird versucht, eine für alle Seiten akzeptable Lösung zu suchen. Wer jeweils nach den kleinen Schadensbegrenzungen jagt, wird schnell allein im Regen stehen. So sehr er auch darauf hofft, für sich Fakten zu schaffen.

Zuletzt im Alltag, im Persönlichen: Auch hier endet das Zeitalter des Einzelkämpfers zugunsten des positiven Team- und Networking-Gedankens: statt in schlichten „Entweder/oder"-Positionen zu denken, in „Schwarz und Weiß", erfordert das neue Motto eine andere, weitaus komplexere Haltung, um mit den neuen offeneren Menschen- und Gesellschaftsformen umgehen und sich verständigen zu lernen: Das „Sowohl als auch" als neues Lebensprinzip. Im Sinne von Empathie und Verständnis. Ob im Dorf zum Bau der Umgehungsstraße oder zum regionalen Schulsystem – ohne breit angelegte Interessensabwägung gibt es keine passende Entscheidung. Nicht einmal im Privaten. Das erfordert Stärke, Power und Offenheit. Das braucht Überzeugung, Selbstbewusstsein und Souveränität. Raus aus den Schubladen, hinein in eine Welt der vielen Zusammenhänge, der Kooperationen, gegenseitiger Unterstützung – und des Zusammenspiels individueller Stärken in einem flexibel-toleranten System. Irgendwie altmodisch und modern zugleich.

Mit anderen Worten: Einfach war gestern. Monomanie ist am Ende. Doch die Trennung vom tief verankerten Mythos des einsamen Wolfs, der über die Steppen streift, um sich durch sein Leben zu schlagen, fällt offensichtlich schwer. Das Loslassen vom „Do-it-yourself", vom Gefühl, alles selbst in der Hand zu haben. Die Komplexität und Vielschichtigkeit der Entwicklungen führt zu einer Verunsicherung der Menschen. Wer will sich schon freiwillig trennen vom Gefühl der Selbstbestimmung beziehungsweise des Traums davon. Wer will sich wirklich klar vor Augen halten, dass es eine Illusion ist, alles selbst zu regeln. Selbstbestimmt und selbstbewusst.

Der Populismus versucht, Mauern zu bauen

Das Bewusstwerden dieses Kontrollverlusts führt zu Irritationen, letztlich zu Angst. Alles zu komplex, zu verwirrend. Nichts mehr im Griff. Es hilft offensichtlich nichts, allein auf sein inneres Ich und Ego zu schauen, um alles zu regeln. Insofern ist es nur konsequent, dass es überall geistige wie politische Strömungen gibt, die vorgeben, alles sei weiterhin ganz einfach zu klären: gerade aus, mit klarer Kante, einfach drauf!

Trumps Mono-Ego-Diskurs ist das beste Beispiel: Mauer hoch, Abschotten, zack. Steuern runter, Kriminelle weg, gewinnen. Die Sehnsucht nach klar-schlichten Lösungen scheint riesengroß. Gegen die Überforderung, gegen die Differenzierungen, gegen zu viel Abwägungen und Zusammenhänge. Endlich nimmt es einer in die Hand. „Es muss doch einfach einer richtig machen", lautet die Losung. Nicht nachdenken, nicht abwägen, einfach machen: Man baut eine Mauer. Man schützt sich, man bewaffnet sich. Es ist die nostalgische Sehnsucht nach simplen John-Wayne-Lösungen.

Wer schaut dabei schon gerne genau genug hin, um zu wissen, dass jeder scheinbar noch so einfache, klare Schritt auf der anderen Seite eine Gegenreaktion verursacht: Die Waffen führen zu Schießereien, die Mauern zu neuen Auswegen und Fluchtrouten. Es ist ein großes zusammenhängendes System, in dem sich heutzutage – wie in einem Spinnennetz – jeder Lösungsansatz, jede Bewegung wechselseitig bedingen. Ein Netzwerk an Aktion und Reaktion. Ein extrem komplexes System, das kein Einzelner allein mehr beherrschen kann.

Die Ära des Zusammenwirkens hat längst begonnen

Es braucht eine neue Ära. Die kooperative Ära. Das Zeitalter der Zusammenhänge. Networking als Systemwechsel – weg vom Ego-Working. Spezialisten schalten sich zusammen, in einer agilen Form des Arbeitens, in einer modernen Form des Denkens: Co-Working, Kollaboration, Co-Kreation. Jeder bringt selbstbewusst seinen Teil der Lösung und trägt so zum großen Ganzen bei. Es ist eine Herausforderung: loszulassen und Vertrauen zu fassen in die Zusammenhänge, in die Abwägungen zur Lösungsfindung. In der Hoffnung, dass die einzelnen kleinen Puzzleteile – ganz agil – ein neues, großes Bild ergeben.

Das neue kooperative Weltbild.

Es braucht eine neue Ära. Die kooperative Ära. Das Zeitalter der Zusammenhänge. Networking als Systemwechsel.“

ZUSAMMEN SIND WIR STÄRKER!!
ALLE FÜR EINEN!
#WIR!
WIR SIND MEHR!

„Fantasy on earth!“
Fantasie wird Realität.
Fantasie kreiert
Leben. Sie verändert
die Welt. ”

Kapitel 9

Hymne an die Fantasie!

Neue gedankliche Erlebniswelten schaffen notwendig neue Perspektiven und somit die Basis für eine zukunftsorientierte Zukunft

Schluss mit übertriebenem Rationalismus und dem Prinzip der reinen Vernunft. Die Welt braucht mehr Kreativität, Spirit, Offenheit und Flexibilität statt Plan-Leben, Schema F und vorgegebener Lifecircle-Mechanismen, um nicht zu verkümmern. Die Menschen brauchen Wünsche, Träume und Visionen, um die enormen Herausforderungen der Zukunft zu meistern. Mit anderen Worten: Lasst endlich wieder die Fantasie zurück auf die Erde.

Wir brauchen wieder Visionen, über die wir uns austauschen!

Fantasie ist eine große Macht. Eine feinsinnige, intelligente Macht, die Bäume versetzt und Gedanken zum Träumen bringt. Die uns zum Träumen bringt. Ein Spiel der Ideen und Gedanken, das aus unserem Inneren die Kraft hervorbringt, Berge zu erklimmen und Ziele weit außerhalb unserer Normalität zu sehen. Lebensziele. Fantasie ist die Kraft des Denkens im freien Spiel. Man könnte sagen, was hat Fantasie jetzt mit Kommunikation zu tun? Was hat das hier zu suchen?

Aber Fantasie ist ein Reservoir an Gedanken, die ungenutzt und oft genug unausgesprochen sind. Wir brauchen sie, um gemeinsame Ebenen zu finden, die den Weg in die Zukunft weisen. Wir brauchen sie, um an die Zukunft zu glauben. Um Zukunft zu gestalten. Denn Fantasie erreicht all unsere Sphären. Von Körper, Geist und Seele. Es sind Träume, die uns aus dem Alltag holen, fantasievolle Vorstellungen, die eine Stärke in uns hervorrufen, die wir sonst nicht erkennen würden. Die es uns ermöglichen, Visionen zu entwickeln, Visionen zu leben. Zu spüren, fühlen, umzusetzen. Ohne diese Visionen ist die Welt nicht zu retten. Wir müssen unsere Visionen entdecken, finden, erspüren, erfühlen.

Fantasie ist bunt, schön, abwechslungsreich, vielschichtig, feinsinnig, aufregend, inspirierend. Sie hilft uns, Ketten zu sprengen und Dinge anzustreben, die uns sonst gar nicht eingefallen wären. Sie hilft uns, ein Leben zu führen, das mehr ist als unser Lebenszyklus. Heraus aus dem „Dekorativen" des Lebens hinein in den Lebenssinn. Mitten in das Leben! Und dieses Leben wollen wir vermitteln, gestalten, formen – und in Worte fassen. Fantasie ermöglicht uns, mit Worten zu überzeugen.

Fantasie ist wunderschön, beeindruckend, wirkungsvoll, faszinierend, reichhaltig, sinnstiftend, letztlich unser Lebenselixier schlechthin, wenn wir kreativ, aufgeschlossen, zeitgemäß und vielschichtig leben wollen. Sie gibt uns Potenzial und Chance, Träume zu finden – und wahr werden zu lassen. Träume, die den Weg zu uns und auf die Erde finden. Träume, die uns Themen geben, auf die wir uns als Menschen miteinander verständigen können, nicht mit den Bruchteilen und Scherben der Vergangenheit, nicht mit den Ängsten und Boshaftigkeiten der Gegenwart, sondern mit dem Farbenspiel der Zukunft.

Fantasie erschließt uns neue Sphären der Welt

„Fantasy on earth!" Fantasie wird Realität. Fantasie kreiert Leben. Sie verändert die Welt. Wie sonst will man die globalen Krisen meistern, die so komplex sind, dass jede einzelne Maßnahme das gesamte Geflecht unweigerlich aus dem Rhythmus bringt? Nur mit Fantasie lassen sich je neun Milliarden Menschen auf der Welt ernähren, ohne die Ressourcen der Erde endgültig zu verbrauchen. Nur mit Fantasie lassen sich Lösungen zu den Kriegen, Fluchtwegen und Armutsgrenzen ziehen, die aus den kleinteiligen Grenzen menschlichen Denkens entstehen.

Es kann nur die Fantasie sein, die eine so gewaltige freie Kreativität erzeugt, um in diesen kalkulatorisch unlösbaren Schemata und Problemfällen den Ausweg zu ermöglichen. Visionen von einer schönen, farbenprächtigen, bunten Welt voller positiver Energien, aus der die Kraft erwächst, Lösungen zu sehen, wo keine sind. Zusammenhänge zu spüren, die es scheinbar nicht gibt. Ziele zu definieren, die uns erst den Weg aufzeigen. Und die uns gemeinsam ein Gefühl geben, wohin die Reise geht.

Es ist eine neue, notwendige Denk- und Lebensfantasie, die uns wie Musik, wie musische Gedankenspiele, kreativ großartig in andere Bereiche katapultiert, die uns das Leben spüren lässt und die Bereitschaft zu wachsen, Neues auszuprobieren und ohne Angst Probleme anzupacken und kreativ zu lösen. Uns nicht fesseln zu lassen, es sei denn, um Fesseln auszuprobieren. Uns nicht im Gewohnten ersticken zu lassen, sondern nach der frischen Luft zu streben, die uns befreit.

Begeisterung, Spirit, Offenheit und Flexibilität schaffen genau diese rettenden farbenfrohen, erlebnisreichen (Gedanken-)Welten, die mit anderen Menschen zu teilen die Rettung sind, ein Vergnügen, ein Genuss, eine Inspiration. Mit fantasievollen Menschen. Mit Menschen mit Ideen, Witz und Intelligenz. Mit Humor und Kreativität. Virtuosität, Faszination. Fantasie, die uns an einem Strang ziehen lässt. Und darüber gemeinsam kommunizieren! Nur so wird aus dem Nebeneinander ein Miteinander, ein Gespräch unter Traum-Freunden, ein soziales Netz für eine gemeinsame Sprache.

Auf in die neue Wirklichkeit – neu definiert

Fantasie eröffnet uns die neue menschliche Wirklichkeit. Für den Alltag, der sich nach neuen kreativen Regeln definiert und die Seele freilässt. Für das Zusammenleben der Menschen untereinander, die Kommunikation und für die sozialen Normen, denen wir uns freiwillig unterwerfen wollen: wie wir miteinander umgehen, was erlaubt und gewünscht ist – und wo es die großen neuen Potenziale und Optionen gibt. Wir wollen miteinander gestalten und eine Basis finden, wie die Welt funktionieren soll.

Die vorher komplex wirkenden Zusammenhänge stellen wir einfach ganz neu auf: nach ganz neuen Maßstäben, offen, kreativ, frei. Das Leben wird inspiriert, variabel, rebellisch und konform zugleich, solide und abgehoben. In jedem Fall zutiefst menschlich. Mit der Fantasie als Schlüssel öffnen wir unsere Sehnsüchte und Wünsche und lassen sie hinein in unser Leben. In allen Bereichen. Vor allem aber auch in der Kommunikation.

Mit der emotionalen Fantasie erschließen wir die Power unserer Gefühle, wenn wir die Freude und Lust aus unserem Inneren ans Äußerste zu bringen trauen, hinaus in jede Hautpore, in die Augenwinkel, in die Ohren, auf all unsere Sensoren. Im kreativen Spiel der Träume schaffen wir uns die Sensualität, um uns lustvoll zurückzulehnen und abzuheben, wo die klassischen Kategorien keinen Platz mehr finden. Mit der kreativen Fantasie erzeugen wir den Sinn, der uns gemeinsam von Ideen begeistert, uns im Innersten berührt und die Herzen schwingen lässt. Und mit der gedanklichen Fantasie öffnen wir die Zauberbox, die es uns ermöglicht, unsere Ratio, Gehirn, Vernunft, Wissenschaft mit dem göttlichen Segen und Sein zu verknüpfen. Und die Welt zu retten. Was kann es Schöneres geben, um wieder ein neues Miteinander zu finden und das neue Credo auszuformen und mit bunten, kräftigen Inhalten zu füllen?

Das Tor zu neuen Dimensionen

Fantasie ist das Universum, das uns machtvoll, aber mit feinen Sinnen und Klingen in neue Sphären bringt. Insofern bleibt uns gar keine Alternative: Lasst endlich wieder die Fantasie auf die Erde! Es lohnt sich. Und es lohnt sich, darüber offen zu reden. Nicht nur von Fakten und Wirklichkeiten. Sondern auch von den Träumen, den Gedanken, die fantasievoll in den Himmel steigen.
Kommunikation braucht auch die Dimension der Fantasie, des Irrealen.

Erst wenn wir über solche „Themen“ sprechen, öffnen wir das Tor zur Zukunft. Erst wenn wir diese Dimension in unserem Informationsaustausch mit anderen Menschen, mit uns, mit der Gesellschaft, zulassen, lassen wir es zu, dass neue Realitäten entstehen. Und neue Träume, aus denen die neue Welt entsteht.
In Worten, in Bildern, in Gedanken. Und damit in echt!

Gerade in einer Krisenzeit hat es sich mehr als gezeigt, dass der langjährige kommunikative Überfluss, der „Overkill“, in Tausenden von Medien dringend eines Ruhepols bedarf. Einer Klärung.”

Kapitel 10

Danke! Für einen Funken Hoffnung.

Wer hätte das gedacht: Die Kraft des Wortes wirkt in Krisenzeiten – und sicherlich auch danach!

Kaum erlebte die Welt ihre Krise, stellten wir schnell fest: Das Wirre, das Durcheinander, das Oberflächliche, das Nebensächliche, führt uns nicht ans Ziel, bringt uns keine Ruhe. Wir brauchen die Kraft des Vertrauens – und der Gemeinsamkeit. Wir brauchen klare Worte. Und schnell stellen wir fest: In einer gewissen Einigkeit, irgendwie „alle zusammen", mit Werten und mit den richtigen Worten, finden wir den Zugang und die Hoffnung auf eine gemeinsame gute Zukunft. Wollen wir das jetzt einfach mal glauben!

Wer hätte das gedacht: Wir und die Briten hörten und folgten den Worten der Queen, wir lauschten der Ansprache der Bundeskanzlerin Angela Merkel oder den eindringlichen Sätzen des österreichischen Bundeskanzlers Sebastian Kurz oder des bayerischen Ministerpräsidenten. Sie sprachen klare Worte: „Wir fahren unser Land auf einen Notbetrieb herunter", so zum Beispiel der junge Österreich-Kanzler. „Aber man müsse es tun, um Leben zu retten. Und so schwierig es jetzt sei: „Wir werden damit Erfolg haben!" Und sie schafften durch ihre klaren Aussagen Vertrauen. Sie schafften es, dass ein ganzes Volk wochenlang zu Hause blieb – und in gewisser Weise vertraute: auf den richtigen, gemeinsamen Weg, einer großen Gesundheitskrise in einer gemeinsamen Anstrengung zu begegnen – im sozialen Miteinander Menschenleben zu retten, sogar auf Kosten von Ego und Wirtschaftlichkeit.

Wer hätte das gedacht: Wir brauchen Worte – und Worte wirken!

Ein Hoffnungsschimmer inmitten unser Info-Flut auf allen Medienkanälen, mit all den News und (Werbe-)Botschaften, ein Lichtblick im Dunkel der ausufernden Unverbindlichkeiten und der Verwirrungen von Fake-News und Irrealitäten, von kommunikativen „Influencer"-Manipulationen, künstlichen Kommunikations-Computer-„Bots" und Neuro-Tricksereien. Stattdessen: ein Wort, eine Wirkung. Und eine richtige Entscheidung.

Gerade in einer Krisenzeit hat es sich mehr als gezeigt, dass der langjährige kommunikative Überfluss, der „Overkill", in Tausenden von Medien, in Abertausenden von Nachrichten, Infos und

Messages dringend eines Ruhepols bedarf. Einer Klärung. Und dass auf einmal eine einzige klassische, glaubhafte Aussage mehr wert ist als die unzähligen kleinen Influencer-Storys über das richtige Essen, den aktuellen Beauty-Tipp oder die neueste Vermarktungsmasche für Diät-Drinks oder irgendwelche digitalen Data-Zielgruppen-Algorithmen einer künstlichen Intelligenz. Lieber eine klare, stringente Linie als tausend Kommunikationsstränge, die gegeneinanderlaufen.

Trendforscher setzt Zeichen!

Das Wesentliche gewinnt, auch wenn man nicht weiß, was wirklich wesentlich ist. Der Trendforscher Matthias Horx schaffte es bereits in der ersten größeren Krisenwoche des Corona-Virus, im Umfeld der Marketing- und Kommunikationsleute in einer der dortigen Fachzeitschriften einen echten Impuls zu setzen: Er postulierte seinen Ansatz der „Re-gnose“. Statt der gewohnten „Pro-gnose“, der Vorschau, was uns wohl erwarten wird, zeigte er sein Stilmittel des imaginären Rückblicks: Wie wird es wohl ausschauen, wenn wir uns die aktuelle Krise rückblickend anschauen? „Den Virus als Evolutionsbeschleuniger“ benannte Matthias Horx sein Szenario, das aus der Zukunft den positiven Schluss zieht: „Die Welt kann komplexer, zugleich aber auch stabiler werden!“ Und er zitiert: „Wir werden durch Corona unsere gesamte Einstellung gegenüber dem Leben anpassen – im Sinne unserer Existenz als Lebewesen inmitten anderer Lebensformen.“ Die menschliche Zivilisation könne sich nun „neu erfinden. System reset. Cool down! Musik auf den Balkonen. So geht Zukunft.“

Eine positive, mutmachende Einschätzung. Mit seiner Sichtweise, seinen Worten vermittelte der Trendforscher mit einem gedanklichen Kniff und verständlichen Worten in einer ganz wichtigen Phase einer ganzen Branche den Kommunikationsleuten und Entscheidern in Unternehmen im entscheidenden Moment eine wichtige Perspektive. Und es gelang ihm, kurz und bündig positive Impulse zu setzen. Mit einem einfachen Text, im richtigen Moment am richtigen Platz.

Gegen die Fake- und Ego-Wichtigtuer!

Mit anderen Worten: Worte wirken. Es sind solche „Beiträge", solche Gedanken, solche Impulse, die in komplexen Zeiten beweisen, dass gute Gedanken und Visionen eine enorme Kraft und Power entwickeln. Und die beweisen, dass man Meinungen, Haltungen und Aussagen braucht, auf die man sich verständigen kann, die man nachvollziehen kann. Die Hoffnung und Voraussicht ermöglichen. Und sich in den großen Gegensatz setzen zu all den Menschen, die glauben, in solch einer Krise Verschwörungstheorien, falsche News, einseitige Statements, Lügen und Betrügereien in der Welt verbreiten zu müssen. Dass alles ein Komplott der Finanzindustrie sei, dass es um eine weltweite Kampagne zur Begrenzung der Freiheitsrechte ginge, um das „Verchippen" der Menschheit. Dass die Toten der Viruserkrankung zuvorderst nur durch die schlechte Luft sterben, alles andere sei Lüge und falsche Hysterie. Dass alles sowieso nur ein Komplott sei, von wem auch immer, sei es von der Finanzelite, eingeschworenen politischen Zirkeln oder irgendwelchen bösen, geldgierigen Interessensgruppen von Pharma bis Weltmacht. Weltweit.

Empathisch kommunizieren

In solchen Krisen werden solch oberflächige, effektheischende Beiträge ganz offensichtlich unwichtig. Irrelevant. Jeder konzentriert sich auf das Wesentliche. Auf seine Werte. Auf sein Leben und seine Lebenswerte. Worte haben wieder Gewicht, verbindliche Zusagen gelten wieder etwas. Wir hören zu und merken, dass es schön ist, selbst in Krisenzeiten Menschen Vertrauen zu können und ihnen zu glauben.

Jeder konzentriert sich auf das Wesentliche. Auf seine Werte. Auf sein Leben und seine Lebenswerte. ”

Das zumindest die Hoffnung. Wie lange diese sich bewährt und der Wirklichkeit standhält, lässt sich nicht sagen. Kaum scheinen die Gefahren geringer, steigt die Tendenz, dass sich die Gesellschaft und mit ihr die Kommunikation wieder in Einzelinteressen, Klein-Meinungen, in gegenseitges Misstrauen und interessensdominierte Unterstellungen aufspaltet. Was wird uns also bleiben als Erkenntnis?

„Wir werden Erfolg haben, und dieser Erfolg wird jedem von uns gehören“, sprach die britische Queen in ihrer Ansprache an die Nation. „Der Stolz darauf, wer wir sind, gehört nicht zur Vergangenheit, sondern definiert unsere Gegenwart und unsere Zukunft.“ Und der deutsche Staatspräsident, obwohl Politiker, obwohl Regierung, vermittelte eine starke, glaubwürdige Verbindlichkeit: „Die Welt wird danach eine andere sein. Wie sie wird? Das liegt an uns. Lernen wir doch aus den Erfahrungen, den guten wie den schlechten.“ Denn: „Wir können nach der Krise eine Gesellschaft sein mit mehr Vertrauen, mit mehr Rücksicht und mehr Zuversicht!“
Geeint in einem gemeinsamen Ziel. Natürlich wird es dazu eine Menge Diskussionen geben, Meinungsaustausch, Diskurs, sogar Disput. Nicht alle werden einer Meinung sein – und sollen es auch gar nicht. Aber alle erkennen und akzeptieren bestenfalls zumindest einen gemeinsamen Nenner: den Grundwert, uns wieder verstehen zu wollen – in einem gemeinsamen Weg aus der (Glaubwürdigkeits-)Krise herauszukommen. Egal ob Trendforscher, Vordenker – oder jeder von uns. Wir erkennen und lernen – und freuen uns: Danke, dass Worte helfen. Klare Aussagen, klare Werte, eine eindeutige, authentische Haltung.

Genau das macht uns Mut – und Hoffnung!
Zumindest in einem ersten Schritt.

DANKE!!!

Wie kommt eigentlich das Neue in die Kommunikation? ”

Prof. Dr. Christof Ehrhart

Was sind für mich die größten Herausforderungen an die Kommunikation der Zukunft?

Laut einer aktuellen Studie der Universität Leipzig vertrauen nur etwas mehr als acht Prozent der Deutschen den professionellen Kommunikatoren und PR-Verantwortlichen. Journalisten ergeht es mit rund 17 Prozent nicht viel besser. Zum Vergleich: Externe Berater und Wissenschaftler kommen auf 37 Prozent – und diese Zahlen stammen noch aus der Zeit vor der Corona-Pandemie.

Angesichts der Bedeutung, die Medien und Kommunikation heute in unserem privaten und öffentlichen Leben haben, sind das wirklich ernüchternde Ergebnisse. Die paradoxe Botschaft scheint zu lauten: „Es lebe die gelungene Kommunikation, aber nieder mit den professionellen Kommunikatoren" – seien es PR-Manager oder Journalisten. Und das in einer Zeit, in der politische wie wirtschaftliche Entscheider den Widerspruch zwischen richtiger Sachentscheidung und unzureichender kommunikativer Vermittlung regelmäßig thematisieren. Egal ob es um ehrgeizige politische Reformprojekte, milliardenschwere Investitionen, strategische M&A-Deals oder personalpolitische Weichenstellungen an der Spitze von Parteien oder Unternehmen geht: Die Forderung, rasch, transparent und korrekt zu kommunizieren, die Menschen dabei nicht nur zu informieren, sondern sie mit ihren Ängsten, Hoffnungen, Ideen und Kritikpunkten mitzunehmen, steht sofort im Raum. Allein – wie soll das Kommunikationsmanagement dieses ehrgeizige Ziel erreichen? Welche Herausforderungen müssen bewältigt und welche neuen Herangehensweisen gefunden werden? Hier stellt sich die Frage nach dem Fortschritt in der PR: Wie kommt eigentlich das Neue in die Kommunikation?

Dabei war von Beginn an technologischer Fortschritt ein wesentlicher Treiber der Entwicklung – nicht zuletzt durch den Einsatz der jeweils neuesten medialen Verbreitungsformen: von Print über Radio und Fernsehen bis hin zu Internet und sozialen Medien. Angesichts dieser Tatsache und auch vor dem Hintergrund sich aktuell abzeichnender Entwicklungssprünge in Feldern wie künstliche Intelligenz (KI) und Automatisierung erscheint die Innovationsgeschichte der PR vor allem als eine Geschichte der stetigen Erneuerung von zunächst Hard- und später Software. Befragt nach den Zukunftsthemen ihrer Profession, antworten dann die PR-Praktiker aktuell in der Regel mit technologischem Fokus – etwa auf Big Data oder algorithmenbasierte Anwendungen.

PR ist zwei Jahrhunderte, nachdem sie in der frühen Moderne aus der Taufe gehoben wurde, immer noch eine Kombination aus Handwerk, Kunst und Wissenschaft. Es ist offensichtlich, dass ihre handwerklichen Elemente besonders empfänglich für technologische Innovationen waren und sind. Hier das taktische Handwerkszeug mit einem neuen strategischen Paradigma zu verwechseln, wäre deutlich verkürzt.

Die wichtigsten Impulse für die Weiterentwicklung des Kommunikationsmanagements gehen aktuell nicht vom technologischen Fortschritt, sondern von den neuen Anforderungen kritischer Anspruchsgruppen an Unternehmen aus. Das sich herausbildende neue Modell eines Stakeholder-Kapitalismus stellt neue Anforderungen an die Kommunikations- und vor allem an die Dialogfähigkeit von Unternehmen, die über das klassische Instrumentarium der PR hinausgehen. Aufbau und Pflege von belastbaren Beziehungen zu kritischen Anspruchsgruppen („Bonding") tritt gleichberechtigt neben die klassische Abstrahlwirkung („Reputationsaufbau") der PR. Um das zu leisten, müssen Kommunikationsmanager mehr als je zuvor Grenzgänger sein – zwischen Zahlen und Menschen, zwischen Theorie und Praxis, zwischen Innen und Außen.

Prof. Dr. Christof Ehrhart
ist einer der „Großen" der Unternehmenskommunikation mit vielen leitenden Stationen u. a. bei EADS, DHL bis Bosch. Mit seinem Blog „Future Proofing PR" und als Autor gilt er als einer der führenden Kommunikationsexperten Deutschlands.

Es geht um Achtsamkeit und Respekt vor den verschiedenen Herausforderungen, die wir alle im Leben haben. ”

Cassandra Steen

Menschlichkeit mit Träumen und Zielen

Bei der richtigen Kommunikation in unserer Gesellschaft kommt es vor allem auf Menschlichkeit an, die gerade in dieser Zeit auch gefragt wird. Es geht um Achtsamkeit und Respekt vor den verschiedenen Herausforderungen, die wir alle im Leben haben. Und gerade in der jetzigen Zeit kristallisiert sich das ganz besonders heraus. Wir sitzen zwar alle im selben Boot, dennoch hat jeder mit individuellen Problemen zu kämpfen. Das zu respektieren, scheint zu funktionieren, könnte aber noch ein wenig besser gehen. In der Kommunikation ist auch Eigenverantwortung sehr wichtig. Man sollte seinen Träumen und Zielen nachgehen, ohne dabei andere zu verletzen.

Cassandra Steen
ist eine erfolgreiche Pop- und R&B-Sängerin in Deutschland mit amerikanischen Wurzeln. Mit ihren Soloalben ebenso wie durch die langjährige Zusammenarbeit mit Moses Pelham bei Glashaus überzeugte sie durch ihre Authentizität und Engagement.

Jeder hat eine individuelle Sicht der Dinge. Sich deshalb zu bekriegen, kann nicht richtig sein. ”

Gil Ofarim

Respekt und Achtsamkeit ist die Basis für ein faires, kommunikatives Miteinander

Mir persönlich war es schon immer wichtig, achtsam mit meinen Kollegen und Freunden umzugehen. Das verdanke ich einfach meiner Erziehung. Ich glaube, dass in den letzten Monaten viele Menschen zur Ruhe gekommen und dadurch achtsamer geworden sind, weil der Stress etwas nachgelassen hat. Auf der anderen Seite sind einige Menschen auch angespannt, weil es wirtschaftlich für sie nicht gut läuft oder sie eventuell die Kinder zu Hause betreuen und dadurch ihre Jobs nicht ausüben können. Wir mussten uns an vieles gewöhnen. Das ist nicht immer leicht, gerade für Künstler hat das Corona-Virus von 100 auf 0 zugeschlagen, weil wir unseren Beruf so gut wie gar nicht mehr ausüben konnten. Mittlerweile gibt es Autokino und Co. und es wird noch mehr an Lösungen kommen, denke ich. Wichtig ist, dass keiner dem anderen die Schuld für etwas gibt. Das hat sich keiner ausgesucht und man sollte hier miteinander und nicht gegeneinander arbeiten. Das ist mir wichtig.

Außerdem sollte man den Menschen ihre eigene Meinung lassen, sich gegenseitig respektieren und nicht versuchen, ihnen eine andere Meinung aufzuerlegen. Jeder hat eine individuelle Sicht der Dinge. Sich deshalb zu bekriegen, kann nicht richtig sein. Jeder Einzelne sollte Verantwortung übernehmen für sich selbst und seine Mitmenschen ... und wenn jeder darauf achtgibt, kann es nur besser werden!

Gil Ofarim

Renommierter Musiker und Songwriter in Deutschland, Schauspieler und Künstler, der mit seiner Musik bewusst Menschen bewegt – und auf die Menschen zugeht.

Zehn Jahre Zeichen setzen. Signs! „

Kapitel 11

Signs – vom Award, Kommunikations-Experten bis zum Buch!

Seit zehn Jahren ein dauerhafter Appell, in der „Kommunikation der Zukunft" die richtigen Zeichen zu setzen: SignsAward, SignsBook, SignsCom und SignsFluencer.

Lange Zeit schien „Kommunikation" gerade mal ein kleiner Appendix oder nachrangiges Anhängsel der Weltgeschichte: Zuerst passierten Ereignisse irgendwo auf der Welt, danach wurde darüber berichtet. Doch schnell stellte sich heraus: Kommunikation ist längst nicht mehr nur Nachtrag, sondern immer häufiger Ursache zentraler, weltbewegender Entwicklungen: Aus Social-Media-Kampagnen, durch die neuen digitalen Dimensionen via Web, Twitter und Google entstanden Revolutionen, Kriege, Feindschaften, Shitstorms bis hin zu neuen hoffnungsvollen interglobalen „Hope"-Networks. Höchste Zeit also, sich verstärkt mit den Werten, Notwendigkeiten und Widrigkeiten der modernen Kommunikation zu beschäftigen. Es entstand die Idee von „Signs": mit Veranstaltungen, Events, Awards bis hin zu Büchern (SignsBooks) und (Experten-)Diskussionen gemeinsam überlegen, wie wir der Kommunikation der Zukunft gerecht werden können.

Alles begann vor rund zwölf Jahren bei einem kleinen, lockeren Gespräch beziehungsweise Interview mit dem bekannten Münchner Graffitikünstler Loomit, der – weltweit berühmt – in der Münchner Kultfabrik sein Zuhause hatte. Bei einer Tasse Kaffee sinnierte Loomit über die Welt und deren aktuelle Veränderungen – und vor allem regte ihn eines auf: die Nutzung der damals noch fast neuen sozialen Medien bei den (jungen) Leuten. Denn er, Loomit, der Graffiti-Aktivist, zog einstmals vor Jahren quasi im „Untergrund" des Nachts los, um irgendwo in öffentlichen Räumen mit seinen Sprühdosen seine „Tacks", seine legendären, farbenfrohen, auffälligen „Signets" zu sprühen: Botschaften, eine Haltung, ein Protest, eine ganz individuelle „Message". Aber absolut geheim: Keiner wusste, wer der Künstler war. Das Telefon hatte er zu Hause gelassen, um nicht geortet oder identifiziert zu werden Die Polizei habe ihn festzunehmen versucht, Strafanzeige gedroht.

„Und jetzt", sagte Loomit, „ziehen die Leute los, mit ihren Handys in der Hand, und egal, wo sie sind, schreiben sie: ‚Ich esse Nudeln!', ‚Schau, hier laufe ich!', ‚Ich bin im Restaurant.' Sie hinterlassen unentwegt Spuren von sich, wie eine Schnecke. Aber sie haben null Botschaft. Kein Tack!" Über diese öffentliche Zurschaustellung von Nicht-Inhalten konnte sich Loomit schon damals sehr aufregen. Er sah es als Beweis für eine neue Zeit, die keine Werthaftigkeit mehr hatte. Keine Tiefe. Und genau mit dieser seiner emotionalen Situationsbeschreibung legte Loomit den Grundstein für meine Idee, sich unbedingt mit den massiven Veränderungen in der Kommunikationswelt zu beschäftigen: aus welcher Motivation heraus sie kommen, was sie antreibt, was sie bewirken, wie sie zu beherrschen sind.

Signs, Zeichen, statt der „Tacks" der Graffitikünstler, wurden zum Leitmotiv einer ganzen Reihe von Events, Veranstaltungen, Diskussionsrunden, Expertenfachbüchern und -berichten, die sich allesamt zum Ziel setzten, das scheinbar nachrangige Thema der Kommunikation selbst zum Thema zu machen: Wie kann in Zukunft noch Kommunikation funktionieren, wie im Angesicht der vielfältigen neuen Medien, der zusätzlichen Social-Media-Kanäle, der Überflutung von immer sinnloser werdenden, scheinbar aussagelosen „Nachrichten", Posts und Meldungen?

Zeichen setzen statt sinnlos Spuren hinterlassen!

Das waren das Leitmotiv und der Impuls für meine Initiative. Denn nur wer mit seiner Kommunikation eine Haltung hat, eine Aussage, eine Botschaft, eine Motivation, eine Vorstellung von dem, was ihn antreibt, kann in diesem überdimensionalen „Meer" „leerer" Inhalte bestehen, gehört werden, Flagge zeigen. Jeder braucht, so die Überzeugung, sein eigenes „Tack", seine ganz persönliche Handschrift, seinen eigenen glaubwürdigen, authentischen, ehrlichen Inhalt. Sein eigenes „Zeichen" – Signs!

So entstand im ersten Schritt, im Rahmen der exklusiven Marketing-Networking- und Expertenveranstaltungen meiner Agentur, meines Verlags Journal International – The Home of Content, vor zehn Jahren der „SignsAward": eine jährliche „Award"-Preisauszeichnung für all die Kommunikationsmaßnahmen von Unternehmen wie Persönlichkeiten, die sich dadurch auszeichnen, im Rahmen ihrer Kommunikation wirklich „Zeichen zu setzen":

herauszuragen durch ein klares Profil, durch Nachhaltigkeit, Ehrlichkeit, Glaubwürdigkeit und Innovation in der Kommunikation. Genau dafür, für diese Werte, gab es die Auszeichnung.

Es schien damals vielleicht fast ein wenig anachronistisch 2011. Es wirkte eher wie ein Event eines kleinen Kreises von Insidern und „Kommunikatoren-Freaks". In der cool-entspannten Atmosphäre des Werkraum-Theaters der Münchner Kammerspiele, in einem Theateraufbau wie einer Arena, eines Eishockey-Stadiums, zogen die ersten Signs-Gladiatoren durch den „Ring". Sascha Lobo in seinen längst profilierten Fast-Anfängen war dabei, der Internet-Guru und Vordenker digitalen Lebens, Jochen Kalka, der scheinbare „ewige" Chefredakteur des Branchen-Fachmagazins *Werben & Verkaufen*, der ehemalige Regierungssprecher Béla Anda. Kommunikation und Werbung trafen sich in dieser rauen, ungestylten Theater-Atmosphäre, um zu schauen, wie sich Menschen, wie Unternehmen, in den aktuellen, sich so massiv verändernden Kommunikationswelten noch behaupten können.

Eine schöne Erinnerung, ganz nostalgisch: Es gab „Wortgefechte", ein spielerisches Diskussions-„Battle" im „Ring" – und die Gäste standen um die Palisade herum zum Mitdiskutieren oder um Fragen einzuwerfen. Im Anschluss gab es eine Musikeinlage, Theaterkleinkunst – und das Dinner im Restaurant daneben. Dazu viele nette Gespräche. Kommunikation in schönster Form

Schon mit dem ersten SignsAward entstand – parallel – das erste „Zeichensetzen"-Buch – mit über 30 hochkarätigen Co-Autoren aus allen Bereichen der Kommunikation: Unternehmenssprecher, Marketing-Chefs, Journalisten, Historiker, Querdenker, Künstler, Zukunftsforscher. Das Motto: „Wer beherrscht und nutzt am schnellsten die kontinuierlichen Veränderungen in der Kommunikation? Denn das Erkennen der Wertewelten von morgen und die Kreation neuer Wertzeichen für die Zukunft werden die Diskussion bestimmen!"

Und schon kurze Zeit später folgte das zweite „SignsBook" – mit Beiträgen langjähriger Branchen-Kommunikations-Heroes wie Jens Lönneker von „rheingold", Professoren, dem Geschäftsführer von ProSieben oder Musik-Manager und DJs wie Paul van Dyck über die neuen Wege der sozialen Verständigung. Mitherausgeber Sascha Lobo schrieb über den notwendigen Versuch, die immer größer werdende Datenflut, Big Data, durch soziale Medien an die Menschen zu kanalisieren. Trendforscher Peter Wippermann forderte im digitalen Kosmos eine klare „Consumer Centricity", er beschrieb den „rasenden Stillstand" und wünschte sich eine „neue Wertschöpfung". Und Wolfram Weimer setzte inmitten all dieser wachsenden Kommunikationsmassen und Kommunikationskanäle ein klares, schlichtes, immerwährendes Postulat gegen die von ihm festgestellte „fehlende Wertschätzung für das Wahrheitsprinzip": „Du sollst nicht lügen!"

Auf diesem Niveau gingen die Beschäftigung, Diskussion und konstruktive Auseinandersetzung mit dem Thema „Kommunikation der Zukunft" kontinuierlich weiter. Jedes Jahr stand als Highlight der SignsAward im Rampenlicht, mit Top-Preisträgern im Fokus: Musiker waren da, die mit ihren Songs und Texten Zeichen setzen, von Christiane Stürmer bis Silbermond, von Glashaus bis Max Giesinger, große Unternehmen waren mit wichtigen Initiativen vertreten, Marketingexperten, Unternehmenssprecher und Agentur-Marketing-Stars.

2016 stiegen Christiane Götz-Weimer und Wolfram Weimer und ihre Weimer Media Group beim SignsAward mit ein. Mit herausragendem Ergebnis: von der politischen Prominenz, Minister, Parteivorsitzende über Finanzgrößen, führende Journalisten und Meinungsbildner bis zu renommierten Musik- und Kulturpersönlichkeiten kamen die großen gesellschaftlichen „Zeichensetzer" auf die Bühne. Als „Oscar der Kommunikationsbranche" betitelte n-tv die Veranstaltung inzwischen. Und das *Handelsblatt* schrieb: „Hier werden die Impulsgeber des Jahres gekürt!"

Damit das Konzept bei all den Groß-Events und Superstars weiterhin persönlich blieb – wie zu den Anfängen in der Theater-Arena –, war es stets das erklärte Ziel der Signs-Idee, auch in kleinen exklusiven Gesprächsrunden mit hohem Kennenlern-Faktor die Kommunikation zum Thema ihrer selbst zu machen. Zweimal jährlich beweist das SignsDinner, dass man vor allem durch exklusiven persönlichen Austausch wirklich erfolgreich kommunizieren und Zeichen setzen kann. Mit Marketingleitern und Unternehmenssprechern, mit Musikern wie Influencern, alle zusammen geeint an einer großen Dinner-Tafel.

Als persönlicher „Ehrengast" und „gedanklicher Urheber" der Signs-Historie war Ende 2019 auch der Graffitikünstler Loomit wieder dabei. Diesmal „offiziell". Eines der vielen echten, authentischen Highlights – über all die Jahre. Genau so soll es weitergehen: So gab es 2020 in den Zeiten von Corona das SignsDinner sogar teils virtuell. Da wurde im Salon vom „rheingold salon" ein Teil der Gäste (mit Abstand) höchst persönlich begrüßt. Aber viele andere loggten sich einfach via Zoom in den Abend mit ein: Snack-Korb und Wein hatten sie nach Hause geschickt bekommen. Und auch der zehnjährige SignsAward 2020 geht als notwendige Variante im Netz über die Bühne.

Neue Zeiten, neue Perspektiven, neue Erfahrungen. "

Neue Zeiten, neue Perspektiven, neue Erfahrungen. Keine Frage: Kommunikation wird sich durch Technik und Krisen weiter verändern. Die Herausforderungen ebenso wie die Bedeutung und Wichtigkeit werden weiter wachsen. Und so werden alle Beteiligten, ob Unternehmen oder jeder Einzelne, sich verstärkt damit auseinandersetzen müssen, ihre Kunden, Mitarbeiter, Freunde wie Geschäftspartner in der richtigen zukunftsweisenden Form anzusprechen.

Ganz im Sinne der Uridee des philosophierenden, sinnierenden, denkenden, persönlichen Gesprächs mit Loomit: Profil zeigen, klare Kante vermitteln. Zeichen setzen! Lieber nachts „clandestine“, heimlich wie im Untergrund. Aber aus Berufung und tiefster innerer, eigener Überzeugung!

Signs! Hauptsache Zeichen setzen!

Zum Autor

STEFAN ENDRÖS

Stefan Endrös ist Geschäftsführender Gesellschafter von Journal International – The Home of Content, München, einem der führenden Content-Anbieter und Corporate-Publishing-Unternehmen. Stefan Endrös ist auf der Basis seines langjährigen journalistischen wie strategischen Hintergrunds eine der kreativen Branchenpersönlichkeiten. Seit Jahren ist er mit Fachpublikationen, Expertenbeiträgen, Vorträgen, Seminaren, u. a. „Medientage", und als Buchautor aktiv. Der von ihm initiierte SignsAward gilt als eine Art deutscher „Oscar" der Kommunikationswelt.

// Philosoph und Jurist (Studium)

// Langjährig renommierter Journalist/Autor und Kolumnist, in großen Fach- und Meinungsbildungsmedien von *Capital, SZ, Transatlantik, Tempo, Esquire, Elle, The European* u. v. a.

// Mittelständischer Verlags- und Medienunternehmer mit Journal International – The Home of Content seit über 25 Jahren

// Branchenmitbegründer im Verband Forum Corporate Publishing/Content Marketing und dessen langjähriger Stellv. Vorsitzender sowie Vorstandsmitglied

// Fachbuchautor sowie Initiator und Herausgeber erfolgreicher Kommunikationsfachbücher mit u. a. Sascha Lobo, Jochen Kalka, Béla Anda u. v. m.

// Einer der führenden Kommunikationsexperten über die Veränderungen in der Kommunikationswelt und deren Auswirkungen sowohl für das Marketing und die Unternehmenskommunikation wie auch für jeden Einzelnen

// Initiator und Mitveranstalter des SignsAwards, laut n-tv der deutsche „Oscar" der Kommunikationswelt und seit zehn Jahren eines der führenden Kommunikations-Events mit internationalen Preisträgern aus Politik, Medien Marketing, Kunst und Kultur sowie hochkarätigen Kommunikationsexperten

// Vorreiter und Vordenker für neue Kommunikationstrends und innovative Kommunikationsprojekte mit z. B. Influencern, Trendscouts, Mindsettern, wie z. B. mit dem neuen Medien-Projekt „SignsFluencer Universe“

// „Kooperativ denken und handeln als neues Maß der Dinge“: langjähriger Networker durch eigene Networking-Veranstaltungen, BusinessEves, Workshops und Strategy Excellence Circles

// Förderer und Mentor von Projekten und Aktionen für eine humanere Welt: u. a. durch das jährliche *Spendenmagazin*/DZI als Transparenzmedium zur Steigerung der Spendenbereitschaft und der gesellschaftlichen und sozialen Verantwortung „pro bono“ – sowie weitere Initiativen

Stefan Endrös
DAS NEUE CREDO

ISBN 978-3-9804330-51
1. Auflage: 2020

Gestaltung: Frank Krüger
Illustrationen: Jessica Arndt
Druck: Gotteswinter und Aumaier GmbH, München

FSC www.fsc.org
MIX
Papier aus verantwortungsvollen Quellen
FSC® C018312

JI The Home of Content GmbH
Ganghoferstr. 66f
80339 München
Tel: +49 (0)89 | 69 31 396-0
www.the-home-of-content.de